Hermine Gilgen

Das Kochbuch für Zuckerkranke

Hermine Gilgen

Das Kochbuch für Zuckerkranke

ISBN/EAN: 9783944350257

Auflage: 1

Erscheinungsjahr: 2013

Erscheinungsort: Bremen, Deutschland

Kochbuch

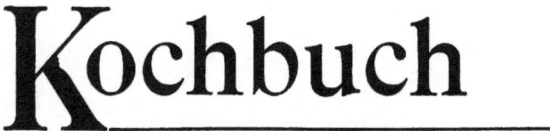

für

Zuckerkranke.

Durchaus erprobte, ärztlicherseits anerkannte Recepte.

o o

Nach vieljähriger Erfahrung zusammengestellt

von

Hermine v. Gilgen.

Zweite, neu durchgesehene Auflage.

WIEN

Druck und Verlag der »St. Norbertus« Buch- und Kunstdruckerei

1903

VORWORT.

Wohl bei keiner Krankheit ist die einzuhaltende Diät so wichtig als bei der Zuckerharnruhr (Diabetes mellitus); sie bildet den wesentlichsten Factor bei Bekämpfung dieses Leidens, es ist daher auch ihr vor Allem das Hauptaugenmerk zuzuwenden.

So wichtig jedoch die Diät ist, so schwierig ist es zugleich, den Kranken zu bestimmen, sich ihr zu fügen. Ausschliessliche Fleischnahrung widersteht bald. Der Arzt muss oft Concessionen machen, nur um die Ernährung zu ermöglichen, Concessionen, welche dann auch meist einen Rückfall herbeiführen.

Ein Fall von Zuckerharnruhr in meiner Familie hat mich die Schwierigkeiten kennen gelehrt, den Bedürfnissen eines an dieser Krankheit Leidenden gerecht zu werden, um einerseits eine genügend kräftigende Ernährung zu erzielen, andererseits keine Schädigung des Befindens herbeizuführen, ja, dasselbe nach Möglichkeit immer besser zu gestalten.

Bei Bereitung der Speisen ist der Ersatz für Zucker zum Theil im Sacharin gefunden; wodurch aber soll das ebenso nothwendige Mehl ersetzt werden? Die Sorge um das Wohl meines Verwandten gab Veranlassung zu immer neuen Versuchen, diese wichtige Frage zu lösen. Die erzielten Resultate bilden das nun vorliegende Buch.

Nach den darin enthaltenen Recepten werden bereits seit sechs Jahren die Speisen für meinen Onkel zubereitet, und ich darf mit Freude constatiren, dass sich zunächst ein Mangel in der Ernährung seit lange nicht mehr bemerkbar macht, sowie dass dessen Zustand sich dauernd derart gebessert hat, um heute mit Recht sagen zu können, dass er sich bei strenger Einhaltung der vorgeschriebenen Diät vollständig wohl und gesund befindet.

Von ärztlicher Seite aufgefordert, meine Erfahrungen bei Zubereitung der Speisen für Zuckerkranke zu veröffentlichen, habe ich dies Buch zusammengestellt, einzig geleitet von dem Wunsch, der grossen Zahl der von dieser tückischen Krankheit Befallenen zu dienen, und dass auch diesen die darin enthaltenen Anweisungen zu Nutz und Frommen gereichen mögen. Allerdings muss ausdrücklich darauf hingewiesen werden, dass nicht alle Fälle der Zuckerharnruhr die gleiche Diät bedingen, wo aber vom Arzt die strenge Enthaltung zuckerbildender Stoffe verordnet wurde, dort vermag es ein Jeder, mit nur einiger Willensstärke und durch Befolgung der in diesem Buche gegebenen Anleitungen sich der anfänglich schwer scheinenden Entbehrung zu unterwerfen. Dieselbe wird dann bald nach Eingewöhnung in die neue Lebensweise nicht mehr als solche empfunden, die erzielte Besserung im Befinden jedoch wird Veranlassung sein, immer treuer auszuharren in der Erfüllung der gegebenen Vorschriften bis zu der ja möglichen vollständigen Gesundung, welche ich hiermit von Herzen allen an dieser Krankheit Leidenden wünsche.

W i e n, Herbst 1896.

Die Verfasserin.

INHALT.

Fische und Fischspeisen.

Eierspeisen.

Mehlspeisen.

X

Vorwort zur zweiten Auflage.

Es war mir eine grosse Freude und Genugthuung, dass mein bescheidener Versuch, die gemachten Erfahrungen bezüglich des diätetischen Verhaltens von Zuckerkranken zu veröffentlichen, so lebhaften Anklang gefunden hat. Und zwar sowohl bei den Herren Aerzten als bei den Kranken selbst, derart, dass binnen verhältnissmässig kurzer Zeit eine zweite Auflage dieses Werkchens nöthig wurde. Ich habe dasselbe zu diesem Zweck vollständig durchgesehen und in mancher Beziehung wesentlich bereichert, indem ich alle seither gemachten, oft werthvollen neuen Beobachtungen und Erfahrungen an geeigneter Stelle verwendete.

Ich möchte diese zweite Auflage nicht hinausgehen lassen, ohne beizufügen, dass mein Onkel, dessen Krankheit der Anlass zur Herausgabe dieses Buches war, seither durch dauernde strenge Befolgung der vorgeschriebenen Diät, sowie durch eine allmälig gesteigerte Abhärtung und durch einen alljährlich wiederholten, längeren Aufenthalt in Höhen-Luftcurorten seine Gesundheit in der erfreulichsten Weise und vollständig befestigte, so dass er im Stande war, nun schon seit einer Reihe von Jahren die höchsten Gipfel unserer heimischen sowie der Schweizer Alpen, im vergangenen Jahre auch Norwegens höchste Bergspitzen mit Leichtigkeit zu besteigen, gewiss ein überzeugender Beweis von der Richtigkeit der Anwendung seiner Lebensweise.

So hoffe ich denn, dass auch diese zweite Ausgabe meines Buches ihren Weg in die Hände der Leidenden finden und, unterstützt durch die gleichzeitig nothwendigen Anordnungen des behandelnden Arztes, beitragen wird zur Wiedererlangung und Befestigung der im Kampfe ums Dasein so werthvollen Gesundheit und Lebensfreude.

Wien, im April 1903.

Die Verfasserin.

Allgemeines.

Salz soll nur sehr mässig verwendet werden. Gewürze dürfen gar nicht zur Verwendung kommen, da durch dieselben der Durst des Patienten nur noch erhöht werden würde.

Grahambrod-Brösel: Grahambrod wird in kleine Stücke zerschnitten, sodann im Rohr gebäht und entweder fein gemahlen oder gestossen. Wo es heisst: »einige Grahambrod-Brösel«, ist darunter ein halber Kaffeelöffel voll verstanden.

Da aber jedem Patienten nur ein gewisses Quantum Grahambrod zu einer Mahlzeit erlaubt ist, so ist in jenen Fällen, wo in Speisen Bröseln zur Verwendung kommen, hierauf Rücksicht zu nehmen.

Allen Gemüsen und Mehlspeisen soll eine kleine Spitze doppeltkohlensaures Natron beigemengt werden.

Mandeln und Nüsse müssen den Tag zuvor in Wasser, das mit Citronensaft gesäuert ist, geweicht, dann geschält und getrocknet und schliesslich zum Gebrauch fein gestossen werden.

Der zur Verwendung gelangende sauere Rahm soll immer gut sauer, somit dick sein, da er in den meisten Fällen, zum Befestigen der Speisen dient.

Zum Versüssen der Mehlspeisen wird Sacharin in Pulverform genommen, das in Original-Gläsern zu kaufen ist, in welchen sich auch immer kleine Löffelchen befinden. Das Sacharin wird in einigen Tropfen Wasser gelöst und dann den Speisen beigemischt. Es genügen gewöhnlich 3—4 Löffel.

Suppen.

Biscuitpfanzel.

3 Dg. Butter treibt man mit 2 Dottern ab, gibt etwas Grahambrod-Brösel und den Schnee von 2 Klar zugleich hinein, salzt es, füllt es in eine ausgeschmierte Pfanne kleinfingerdick ein und bäckt es schön gelb. Gestürzt, wird es schieftelig geschnitten und in oder zur Suppe gegeben.

Champignonsuppe.

Zwei schöne Champignons werden geputzt und blätterig geschnitten; 10 Minuten vor dem Anrichten gibt man sie in die kochende Suppe und lässt sie diese Zeit mitsieden; dann treibt man 2 Eidotter mit einem Esslöffel sauren Rahm gut ab und legirt die Suppe damit, ohne dieselbe nochmals zu passiren.

Consommé à l'Imperial.

Überreste von gebratenem Kalbfleisch werden mit etwas Butter und 2 Eidottern ganz fein gestossen, dann passirt, etwas gesalzen, und zuletzt der feste Schnee von zwei Eiweiss leicht beigemischt. Diesen Teig auf ein gut geschmiertes Blech aufstreichen und in nicht zu heisser Röhre backen; er muss weiss bleiben; dann mit einem breiten Messer vom Blech lösen, mit einem runden Ausstecher Stücke ausstechen und mit klarer Suppe serviren.

1

Consommé aux oeufs à l'empereur.

Man sprudelt einen Esslöffel dicken saueren Rahm mit einem Ei ab, schüttet es in ein Gefäss, siedet es in Dunst und stürzt es; man sticht dann kleine Stücke wie Nocken heraus und servirt dieselben mit klarer oder Kräutersuppe.

Falsche Schildkrötensuppe.

Roh abgelöste Stücke von Kalbskopf ohne Haut kocht man mit Suppe; schwert das Fleisch während des Auskühlens etwas ein, schneidet es dann zu kleinen Würfeln und gibt es in klare Suppe, die mit 1—2 Eidottern legirt wird. Man mischt ein wenig Kalbsfarce mit passirten hart gesottenen Dottern, macht kleine Knödel und kocht sie in der Suppe.

Fischfarce-Nocken.

Von Haut und Gräten gelöstes Fischfleisch stösst und passirt man; dann treibt man Butter mit 3 Dottern und 1 Löffel saueren Rahm ab, gibt das Passirte, einige Grahambrod-Brösel und fein geschnittene Citronenschalen sowie den Schnee von 3 Klar dazu, siedet es in Dunst und sticht Nocken heraus, die man zu Fischsuppe servirt.

Fischpfanzel.

Fischfleisch, von Haut und Gräten abgelöst, stösst und passirt man; dann treibt man Krebs- oder gewöhnliche Butter mit 3 Dottern ab, gibt einige Grahambrod-Brösel dazu, dann das Passirte und den Schnee von 3 Klar, Salz und einige fein geschnittene Citronenschalen; dann in eine ausgeschmierte Pfanne füllen, backen lassen und zu Vierecken schneiden; mit Fisch- oder Krebssuppe serviren.

Fischsuppe.

Man überkocht eine Milch von Karpfen oder anderem Fisch und treibt sie durch einen Sieb. Das Passirte lässt man in heisser Butter anlaufen, übergiesst es mit klarer Suppe, sprudelt ein paar Löffel guten saueren Rahm und zwei Dotter dazu und richtet die Suppe gut verkocht über Nocken von Fischfarce an.

Fleisch-Consommé.

Fleisch von gebratenem Geflügel wird fein geschnitten, gestossen, mit 4 Dottern und 1/8 Liter Suppe gemischt, durch ein Sieb gestrichen, in kleine Formen gefüllt und in Dunst gekocht.

Fleischkrapferln.

Ueberreste von gebratenem Kalb- oder Geflügelfleisch werden fein geschnitten und mit etwas Butter und Petersilie abgedünstet; dann treibt man Butter mit 2 Dottern ab, gibt das Fleisch nebst einigen Grahambrod-Bröseln und den Schnee von 2 Klar dazu, streicht es auf ein beschmiertes Blech fingerdick auf, bäckt es, löst es dann mit einem Messer ab und sticht kleine Krapferln aus.

Fleischkuchen.

Fleisch von gebratenem Haus- oder Wildgeflügel wird fein geschnitten, dann mit Butter abgedünstet, mit etwas Suppe aufgekocht und passirt. Erkaltet, mischt man nach Verhältniss ganze Eier dazu, füllt es in Formen und siedet es in Dunst oder bäckt es.

Frittatennudeln.

Zwei ganze Eier werden mit etwas Salz und 1 Kaffeelöffel dicken sauren Rahm gesprudelt, in der Omelettenpfanne gebacken, dann zusammengerollt und zu Nudeln geschnitten; sie sind mit klarer oder Kräutersuppe zu serviren.

Frittatenstrudel.

Frittaten wie die obigen. Die Fülle hiezu wird bereitet, indem etwas Butter, 2 Eier, Petersilie, fein geschnittenes, gebratenes Kalbfleisch, Salz und sauerer Rahm fein abgetrieben werden; damit die Omeletten bestreichen, zusammenrollen und in der Röhre backen lassen; zu Stücken schneiden und mit klarer Suppe serviren.

Frittatenwürstchen.

Man bereitet Frittaten, schneidet diese in der Mitte auseinander, streicht abgedünstetes Hirn oder Fleisch-Haché auf, rollt sie zusammen und schneidet sie ab, damit recht kleine Würstchen werden, die man in Ei und einigen Grahambrod-Bröseln dreht und in Schmalz bäckt. Man servirt sie mit klarer oder Kräutersuppe.

Geflügelfarce-Nocken.

Das Fleisch von Geflügel aller Art wird geschnitten, gestossen und passirt; dann treibt man Butter mit 2 Dottern und 1 Esslöffel dicken saueren Rahm ab, gibt das Passirte und von 2 Klar den Schnee dazu, füllt es in ein Gefäss, kocht es in Dunst und sticht dann Nockerln heraus, die man mit klarer Suppe servirt.

Gestossene Milzsuppe.

Die Milz wird in Stücke geschnitten, gesalzen und in Butter oder Schweinefett abgebraten; während des Bratens schlägt man 2 ganze Eier hinein, damit diese mitbacken; sodann wird es fein gestossen, mit Butter rösten, Suppe aufgiessen und eine Weile kochen lassen; dann passirt, mit einem Dotter legirt, und mit Nocken oder einem Consommé servirt.

Hirn-Consommé.

Ein abgekochtes Kalbshirn dünstet man mit Butter und Petersilie, passirt es und treibt es mit 2 Dottern gut ab. Sodann den Schnee von 2 Klar einrühren und in Dunst kochen oder im Rohr backen lassen.

Hirnsuppe.

Ein halbes Kalbs- oder Schweinshirn wird in Salzwasser gekocht, die Häutchen und Aederchen entfernt, in zierliche Stückchen geschnitten und in eine klare Suppe gegeben, worin sich ein blätterig geschnittener Champignon befindet; die Suppe kann mit 1 Eidotter abgesprudelt werden.

Kalbsnocken.

Rohes Kalbfleisch wird mit Beinmark, 1 Sardelle und 2 bis 3 Dottern fein gestossen; dann passirt, in Dunst geben und darauf Nocken herausstechen; mit klarer Suppe serviren.

Klare Suppe.

Ein Beiried oder sonst ein Stück Rindfleisch, einige Kälber- und Rinderbeine mit Wasser auf's Feuer stellen und circa 3 Stunden gut auskochen lassen. Ebenso kann auch ein altes Huhn oder eine Taube noch dazu verwendet werden. Um die Suppe schmackhafter zu machen, kann man etwas Liebig's Fleisch-Extract dazu geben.

Kräutersuppe.

Die dazu üblichen Frühjahrskräuter sind: Kerbelkraut, Brunnenkresse, Sauerampfer, Petersilie, Gundelrebe, Lungenkraut, gespitzter und breiter Wegerich, Erdbeerblätter, Löwenzahn, Scharfgarbe, Taubnessel, Brennessel und die Blätter der Butterblume. Sie werden gewaschen und in klarer Suppe circa 1/2 Stunde gut verkocht. Sodann werden die Kräuter passirt oder fein geschnitten und die Suppe wieder darüber gegossen. Vor dem Anrichten sprudelt man sie mit 1 Eidotter gut ab und servirt sie mit Nudeln oder einem Consommé.

Krebsnocken.

Schweifchen und Scheeren der ausgelösten Krebse werden sehr fein geschnitten; dann treibt man Krebsbutter mit 2 Dottern ab, gibt die fein geschnittenen Krebse und einige Grahambrod-Bröseln und von 2 Klar den Schnee dazu, gibt es in Dunst, sticht dann Nocken heraus und servirt sie zu Krebssuppe.

Krebssuppe.

Zwei Krebse werden in Salzwasser gekocht, dann die Schweifchen und Scheeren ausgelöst, das Uebrige wird mit einem Stückchen Butter sehr fein gestossen und dann solange geröstet, bis ein rother Schaum aufsteigt; dann einige Löffel Suppe aufgiessen und noch ein Weilchen kochen lassen; hernach durch ein feines Haarsieb passiren und über die Krebsstückchen schütten.

Marknocken.

4 Dg. Beinmark klein würfelig schneiden, in einen Weidling geben, lauwarm werden lassen, dann fein abtreiben, 2 Dotter

und ein ganzes Ei nach und nach einrühren; etwas Salz und mit etwas Grahambrod-Bröseln befestigen, in Dunst geben und hernach Nocken herausstechen.

Nockensuppe.

Drei ganze Eier werden mit 4 Dg. zerlassener Butter und einem Esslöffel dicken saueren Rahm und etwas Salz gut abgesprudelt; dann giesst man die Masse in ein Gefäss, kocht sie eine halbe Stunde in Dunst und sticht mit einem Kaffeelöffel kleine Nocken heraus. Mit klarer Suppe serviren.

Rahmsuppe.

$1/8$ Liter guten saueren Rahm sprudelt man mit einem Eidotter gut ab und rührt dies in $1/4$ Liter siedendes, gesalzenes Wasser ein. Ist die Suppe noch zu dick, so verdünnt man sie mit heissem Wasser. Man richtet sie mit Nudeln oder Nocken an.

Schinkenpfanzel.

Man schneidet gekochten Schinken recht fein, treibt dann Butter mit 3 Dottern ab, gibt Salz und einige Grahambrod-Brösel, sodann den fein geschnittenen Schinken und von 3 Klar den Schnee dazu, füllt es in eine gut ausgeschmierte Pfanne und bäckt es. Nach dem Erkalten schneidet man zierliche Stückchen und servirt sie mit klarer Suppe.

Schweinsnocken.

Zu rohem oder gebratenem Schweinefleisch, welches fein gestossen und passirt ist, gibt man in Fett angelaufene Petersilie und einige Grahambrod-Bröseln, sowie feingeschnittene Citronenschalen, Salz und 2 Dotter. Dieses siedet man in Dunst und sticht dann Nocken heraus.

Schwammsuppe.

Einige geputzte Schwämme schneidet man blätterig, dünstet sie mit Butter und Petersilie und verkocht sie mit klarer Suppe; vor dem Anrichten rührt man einen Löffel guten saueren Rahm mit einem Eidotter ab und legirt damit die Suppe.

Spargelsuppe.

Dünnen, grünen Spargel bricht man in Stücke und kocht ihn mit Suppe oder Wasser weich. Die Köpfe kocht man abgesondert, das Uebrige passirt man, gibt es in zerlassene Butter mit dem Sude und übergiesst es mit Suppe, kocht die Spargelköpfe damit auf und servirt die Suppe mit Frittatenwürstchen; vor dem Anrichten kann man sie mit einem Dotter legiren.

Spinatpfanzlsuppe.

Eine Handvoll feiner Spinat wird gut gereinigt und in Salzwasser gekocht, dann ausgedrückt und durch ein Haarsieb passirt; 2 Dg. Butter werden mit 2 Eidottern gut abgetrieben, den passirten Spinat und von 2 Klar den Schnee dazu rühren. Diese Masse bei mässiger Hitze, wie Schöberl, backen; nach dem Erkalten würfelig schneiden und mit klarer Suppe serviren. Das Pfanzl soll eine schöne grüne Farbe behalten und keine braune Rinde haben.

Tiroler Nocken.

Gekochten Schinken mit 2 hartgekochten Dottern stossen und passiren; dann Butter mit 3 rohen Dottern abtreiben, 2 Esslöffel guten sauren Rahm, einige Grahambrod-Brösel, sowie den gestossenen Schinken und von 3 Klar den Schnee dazu; selbes in Dunst sieden und dann zierliche Nocken herausstechen. Mit klarer Suppe serviren.

Wildpret-Consommé.

Gedünstetes oder gebratenes Fleisch von Reh oder Hasen wird mit Speck fein geschnitten, dann mit zwei hartgekochten Dottern und einigen Esslöffeln sauren Rahm fein gestossen und, wenn es recht zart ist, durch ein Sieb gestrichen. Das Passirte dann in Dunst geben, stürzen und zu viereckigen Stückchen schneiden, sodann mit klarer Suppe serviren.

Wiener Suppe.

Reste von gebratenem Kalbfleisch schneidet man fein zusammen, lässt Petersilie in Bratenfett anlaufen und gibt das Fleisch dazu: wenn es etwas gedünstet hat, übergiesst man es mit Suppe und sprudelt beim Anrichten ein Dotter damit ab.

Vorspeisen.

Farcewanneln.

Saftige Farce aus rohem Kalbs- oder Geflügelfleisch füllt man in ausgeschmierte Formen, welche mit geräucherter Zunge ausgelegt sind, siedet sie in Dunst oder bäckt sie. Sodann wird eine Sauce bereitet, indem 3 Löffel sauerer Rahm mit 2 Eierdottern, etwas Citronensaft und einem nussgrossen Stück Butter in heissem Wasser so lange gesprudelt werden, bis die Sauce dick ist.

Farcewurst.

Rind-, Kalb-, Schweinfleisch und Beinmark hackt oder schneidet man recht fein, mischt 2—3 Dotter dazu und formirt es zu einer Wurst; dann bratet man sie, mit Butter begossen, schön braun, gibt gegen Ende saueren Rahm darauf und garnirt sie mit gefüllten Champignons.

Falsche Netzwürste.

Rohes Kalb- und Rindfleisch zu gleichen Theilen wird geklopft und ohne Haut und Fasern fein geschnitten, mit gesalzenen und fein geschnittenen Bratenresten, Eiern und saurem Rahm gemischt, zu Würstchen formirt, die man in Grahambrod-Brösel dreht, in heisses Fett nebeneinander legt, bratet und gegen Ende mit gutem, saueren Rahm begiesst.

Fleischreif.

Von Wildgeflügel bereitetes Fleischpurée mit Dottern gemischt, wird in den mit weissem Brustfleische und Zungen ausgelegten Model gefüllt, in Dunst gesotten und dann gestürzt. Dazu gibt man eine Sauce wie zu Farcewanneln.

Frische gespickte Zunge.

Eine gesottene Zunge schneidet man nach der Länge auseinander, spickt sie auf der geschnittenen Seite mit Speck, bratet sie bei jäher Oberhitze, damit der Speck Farbe bekommt, wobei man sie fleissig mit Butter, Citronensaft und Suppe betropft.

Frische Zunge mit Sardellen.

Die gesottene Zunge wird von der Haut abgezogen, sodann spickt man sie dicht mit Sardellen, gibt sie in die Bratpfanne und begiesst sie beim Braten mit Butter und sauerem Rahm.

Gekröse (Beuschel).

Das gekochte Gekröse wird nudelig geschnitten, dann mit etwas Buttersauce aufgekocht und mit Citronensaft und Dottern fricassirt.

Geräucherte Ochsenzunge.

Man kocht eine Ochsenzunge, je nach Grösse 2—3 Stunden, zieht die Haut ab, sobald man die Zunge aus dem Sude nimmt, schneidet sie etwas schief zu Scheiben und gibt sie warm zu beliebigem Gemüse.

Kalt: Man zieht die Haut ab, so lange die Zunge noch heiss ist, schneidet sie kalt zu Scheiben, legt sie zierlich halb übereinander auf einen Teller oder einer Schüssel auf und gibt Aspik dazu.

Geröstete Nieren.

Man schneidet Nieren vom Schwein, Lamm u. s. w. dünnblätterig und röstet sie mit blätterig geschnittenem Speck wenige Minuten unter beständigem Umrühren, da sie sonst hart werden. Man würzt sie mit Salz und gibt sie zu Gemüse.

Gespicktes Herz.

Man durchzieht ein Kalbs- oder Lammherz mit Speck-
fäden, legt es ganz oder halbirt auf Fleischabfälle und Speck-
schnitteln, gibt etwas Suppe nach und nach dazu, dünstet es
mit Oberhitze, schöpft den Saft fleissig darüber und gibt es
mit Gemüse.

Haché von Kalbs- oder Geflügelfleisch.

Reste von gebratenem Kalbs- oder Geflügelfleisch schneidet
man sehr fein, lässt dasselbe in heisser Butter eine Weile
rösten, übergiesst es dann mit Suppe, aber so, dass es dicklich
bleibt, gibt fein geschnittene Citronenschalen hinein und legirt
es mit 2—3 Eidottern. Man richtet es in einer tiefen Schüssel
an und garnirt es mit Karfiolröschen, mit Artischocken, mit
Zungenstückchen oder mit einem Spiegelei.

Hirn in Aspik.

Das Kalbshirn wird mit einer klaren Suppe gedünstet
und ausgekühlt zu kleinen Stücken geschnitten, welche man
zwischen Aspik in kleine Formen einlegt.

Käsekapseln.

Man treibt 6 Dg. Butter mit 4 Dottern ab, gibt 12 Dg.
geriebenen Parmesankäse, Salz und den Schnee von 4 Klar dazu,
füllt es in Papierkapseln, bäckt dieses 8—10 Minuten und
servirt sie gleich, da sie sonst zusammenfallen.

Kleine gesulzte Fleischkuchen.

Die kleinen Kuchen von Fleischpurée werden lau gestürzt, dann kaltgestellt. Die Becherformen gräbt man in Eis,
giesst einen Spiegel von Sulz ein, belegt diesen nach dem
Stocken mit ausgestochenen Zungenstückchen, gibt etwas Sulze
darüber, und wenn sie fest ist, nimmt man die kleinen zu-
geschnittenen Kuchen, welche in denselben Bechern bereitet
wurden, und füllt den leeren Raum voll. Gestürzt, stellt man
sie auf gesulztes Aspik, mit dem man den Boden der Schüssel
ausgefüllt hat, und garnirt sie dann mit fein geschnittenem
Aspik.

Kleine Kuchen von Fleischpurée.

Bratenreste von Geflügel oder Wildpret macht man zu Purée, mischt, wenn es passirt ist, rohe Dotter dazu, füllt es in die ausgeschmierten Becherformen, siedet sie langsam in Dunst, bestreicht sie nach dem Stürzen mit Glace und gibt eine passende Sauce dazu.

Marmorirter Kuchen.

Von einem rohen Poulard wird das schöne Fleisch wie dicke Nudeln geschnitten. Vorher überkocht man ein Kalbseuter, ein Schweinsohr und Wammel, etwas geräucherte Zunge und Kaiserfleisch. Ausgekühlt, wird alles nudelförmig geschnitten. Dann lässt man Petersilie und Champignons in Butter anlaufen, überdünstet damit das Geschnittene, würzt es mit Salz, gibt fein geschnittenen, frischen Speck und einige Dotter dazu. Gut gemischt, füllt man es in einen mit Speckschnitten ausgelegten Model und bäckt es langsam.

Ochsengaumen.

Ein weichgekochtes Stück Ochsenkopf schneidet man erkaltet nudelig, gibt es in heisse Butter, dann etwas Citronensaft und -Schalen dazu und richtet es an, sobald es heiss ist. Es soll saftig, aber nicht sauer sein.

Pökelzunge.

Man kocht sie mit Wasser und etwas vom Pökelsafte, zieht die Haut ab, gibt sie heiss auf die Schüssel und gibt Gemüse dazu.

Schinkenkrapfeln.

2 Dg. Butter mit 2 Dottern und 2 Esslöffel guten saueren Rahm abgetrieben, mischt 1 Dg. geriebenen Parmesankäse, den Schnee von 2 Klar und etwa 15 Dg. fein gehackten Schinken dazu und lässt es in einer Pfanne backen. Mit sauerem Rahm bestrichen, streut man Schinken darüber, bäckt es fertig und sticht es aus.

Warme Saucen.

Bertram-Sauce.

Die abgezupften Blätter werden gewaschen, fein geschnitten und nebst etwas Citronensaft in ¼ Liter Suppe weich gekocht. Sodann werden 2 Esslöffel saurer Rahm mit 2 Dottern gesprudelt und in die Sauce eingerührt.

Dillsauce.

Man kocht ¼ Liter saueren Rahm, sprudelt 2 Eidotter hinein, gibt das Dillkraut, welches von den Stengeln gezupft und klein geschnitten ist, sowie etwas Citronensaft und ein nussgrosses Stück Butter dazu und lässt es gut aufkochen.

Dottersauce mit Kräutern.

Man verrührt 2 Esslöffel Kräuterbutter, 3 passirte, hartgesottene Dotter, Salz, Citronensaft und Suppe, lässt es bei beständigem Aufgiessen heiss werden und richtet es gleich an.

Kräuter-Sauce.

Verschiedene Kräuter werden fein geschnitten, in Butter geröstet und mit 2 Löffel Suppe aufgegossen und weich gekocht. 4 Löffel saurer Rahm werden mit 2 Dottern gesprudelt und dazu gegossen. Salzen und mit etwas Citronensaft säuern.

Rahmsauce.

Man sprudelt 3 Esslöffel saueren Rahm, in Butter angelaufene Petersilie mit Fleischbrühe ab und lässt es aufsieden.

Französische Sauce.

Drei Esslöffel guten saueren Rahm, 2 frische Dotter, 4 Dg. Sardellenbutter, etwas Citronensaft und Salz glatt verrührt, sprudelt man mit Fleischbrühe auf dem Feuer, bis es dicklich wird, und gibt es über Geflügel oder Fisch.

Gehackte Champignon-Sauce.

Ungefähr 5 Champignons werden geschält, mit Butter und Citronensaft gedünstet, dann 3 Esslöffel saurer Rahm mit 2 Dottern gesprudelt und hineingegossen, mit etwas Citronensaft gesäuert und aufgekocht.

Gurkensauce.

Die geschälten Gurken in dünne Scheiben geschnitten, werden gesalzen und zugedeckt bei Seite gestellt. Nach ¼ Stunde drückt man sie aus, gibt ¼ Liter saueren Rahm darüber und ein nussgrosses Stück Butter dazu, lässt sie eine Weile aufkochen, säuert sie mit Citronensaft und legirt die Sauce mit einem Eidotter.

Sardellensauce.

Man zerlässt ein Stück Butter, gibt fein geschnittene Sardellen, Citronenschalen und Petersilie hinein, übergiesst es mit Brühe und lässt es einmal aufkochen. Vor dem Anrichten wird die Sauce passirt und kommen 2—3 Esslöffel sauerer Rahm dazu.

Sauerampfersauce.

Die gewaschenen, fein geschnittenen Blätter von Sauerampfer gibt man in zerlassene Butter, dünstet sie weich und gibt etwas Suppe nach, dass sie die Farbe nicht verlieren. Man sprudelt dann zwei Dotter mit 3 Löffel saueren Rahm ab, gibt es dazu und lässt es unter beständigem Rühren verkochen. Die Sauce mit Citronensaft säuern.

Sauce au vin blanc.

Man sprudelt 3 rohe Dotter mit schwachem weissen Wein und Salz auf dem Feuer so lange, bis die Sauce dicklich ist, und servirt sie zu Fisch.

Sauce à la hollandaise.

In eine Casserolle gibt man 4 Dg. Butter, 2 rohe Dotter, zwei Löffel Suppe, 1 Löffel Citronensaft und Salz, rührt es auf dem Herde so lange, bis die Sauce dicklich ist, worauf man sie, weggenommen, noch etwas rührt und über warmen gesottenen Fisch anrichtet.

Sauce ravigote.

Man schneidet Petersilie, Bertram, Kerbelkraut, Sauerampfer und Schnittlauch recht fein, kocht dies mit Suppe und zwei Esslöffel saueren Wein dicklich ein und mischt kurz vor dem Anrichten einen Löffel Oel und Citronensaft dazu und gibt sie zu Fischen.

Schwammsauce.

Man schneidet die gereinigten, gewaschenen Schwämme dünnblätterig, dünstet sie mit Butter und Petersilie in einem irdenen oder gut emaillirten Geschirre, bis sie weich sind, worauf man 3 Esslöffel sauren Rahm mit 2 Dottern sprudelt, dazu giesst, salzt und gut verkochen lässt. Man kann auch etwas Citronensaft dazu geben.

Schnittlauchsauce.

4 Esslöffel saurer Rahm werden mit 2 Dottern gesprudelt, etwas gesalzen und aufgekocht. Sodann gibt man ein Stück Butter und den fein geschnittenen Schnittlauch hinein.

Wildpretsauce.

Fleischabfälle und Gerippe von Wildpret dünstet man mit Speck; wenn es weich ist, stösst man es mit einem Eidotter, passirt es durch ein feines Sieb und verdünnt es mit dem Saft von dem Gedünsteten, gibt einige fein geschnittene Citronenschalen und 2—3 Esslöffel sauren Rahm hinein, lässt die Sauce aufkochen und legirt dieselbe noch mit einem Eidotter.

Kalte Saucen.

Caviarsauce.

Hartgekochte Dotter werden passirt und mit Caviar, Citronensaft und Oel abgerührt.

Fines herbes-Sauce.

Man schneidet Petersilie, Kerbelkraut, Bertram, Sauerampfer recht fein, stösst und passirt sie mit 2 hartgesottenen Dottern und treibt sie mit Oel, Citronensaft und Salz fein ab.

Grüne Buttersauce.

Blanchirte, fein geschnittene Kräuter stösst man mit 1 Kaffeelöffel voll Kapern, 2 hartgesottenen Dottern, 1 Sardelle, gibt nach und nach 5 Dg. Butter und 3 Dg. Oel dazu, verrührt es mit etwas Citronensaft und stellt die Sauce bis zum Gebrauche in Eis oder kaltes Wasser.

Kalte Sardellensauce.

Man stosse zwei rein geputzte und entgrätete Sardellen mit 7 Dg. frischer Butter ganz fein im Mörser, passire es durch ein Haarsieb und verrühre dazu langsam so viel feines Tafelöl und den Saft einer ¼ Citrone, bis die Sauce schön dicklich vom Löffel fliesst.

Kapernsauce.

Wird bereitet wie die Schnittlauchsauce, nur verrührt man einen Esslöffel fein gewiegte Kapern dazu.

Majonnaise.

Man stellt eine Schüssel auf Eis und rührt darin 3 rohe Eidotter und etwas Salz mit etwa 8 Dg. Oel, das tropfenweise dazu gegeben wird, gut ab. Wenn es dick geworden ist, tropfenweise den Saft einer 1/2 Citrone dazu rühren und bis zum Gebrauche in Eis stehen lassen.

Sauce Tatare.

Man treibt 3 rohe Dotter auf dem Eise ab, gibt 2 passirte Sardellen, 1 Löffel voll feingeschnittene Kapern, Salz, 2 Löffel Aspik und etwas feingeschnittenes Bertramkraut, sowie tropfenweise so viel Oel und Citronensaft dazu, dass die Sauce dick bleibt.

Schnittlauchsauce.

Man treibe 4 Dg. frische Butter schaumig ab, gebe 2 Eidotter unter beständigem Rühren dazu, sowie tropfenweise gutes Tafelöl und den Saft einer 1/2 Citrone. Wenn es schön dick und fein ist, gibt man eine Prise Salz und feingeschnittenen Schnittlauch dazu.

Wachholdersauce.

Man passirt 2 hartgesottene Dotter durch ein Haarsieb, verrührt damit 2 Esslöffel Oel und etwas Citronensaft, mischt einige gestossene Wachholderbeeren, etwas Salz und einen Theil von dem feingehackten Weissen der Eier dazu.

Wildpretsauce.

Reste von Hasen- oder Rehbraten schneidet und stösst man fein mit 2 hartgesottenen Dottern, 1 Sardelle, 1 halber Löffel voll feingeschnittenen Kapern, gibt etwas Citronensaft dazu und passirt es. Man verrührt es dann mit Oel, Salz und noch etwas Citronensaft zu einer dicklichen Sauce

Gemüse.

Artischocken.

Man schneidet mit einer Scheere die Spitzen von den Blättern weg, kocht die so geputzten Artischocken in Salzwasser weich, legt sie auf die Schüssel und gibt heisse Butter darüber.

Artischockenböden.

Man legt die geschälten und blanchirten Böden in eine mit Butter ausgestrichene Casserolle, bestreut sie mit Salz und Petersilie, deckt das Geschirr zu und dämpft sie bei mässiger Hitze im Rohre ungefähr 2 Stunden lang. Wenn kein Saft mehr ist, gibt man etwas Suppe dazu.

Champignons.

Während des Schälens gibt man die abgezogenen Schwämme in Wasser mit Citronensaft und Salz, damit sie weiss bleiben, schneidet sie blätterig und dünstet sie auf starker Hitze mit Butter, bis der Saft beinahe ganz eingekocht ist. Man gibt dann 2 Esslöffel sauren Rahm, 1 Eidotter, geschnittene Petersilie, Salz und etwas Citronensaft dazu.

Champignon-Purée.

Die Champignons werden geschält, fein geschnitten, mit Butter und Suppe weich gedünstet und passirt. Dann stellt man sie wieder auf, gibt sauren Rahm und, wenn dieser etwas verkocht ist, die nöthige Suppe und Salz dazu.

Farcirter Karfiol.

Den gekochten Blumenkohl legt man auf eine mit Butter
bestrichene Schüssel, streicht eine Kalbsfarce darüber und
bäckt es im Ofen.

Gefüllte Artischocken.

Sie werden am Boden sehr rein abgedreht, dann nimmt
man die innersten Blätter aus und stutzt die mittleren ab.
In Salzwasser mit Citronensaft überkocht, lässt man sie in
kaltem Wasser auskühlen und umgekehrt auf einem Tuche
absinken. Man füllt nun Champignons ein, welche man, fein
geschnitten, mit einem Eidotter und Petersilie in Butter anlaufen liess, und bindet die Blätter darüber zusammen. Auf
Speck in eine Casserolle gelegt und etwas Brühe dazu gegeben,
dünstet man sie von mit Butter bestrichenem Papier bedeckt
und schöpft fleissig den Saft darüber, welchen man beim Anrichten durch ein Sieb darauf schüttet, nachdem man den
Faden abgelöst hat.

Gefüllte Champignons.

Dieselben werden sorgfältig geschält, damit sie nicht
brechen, und ausgehöhlt. Das Herausgenommene wird fein ge-
schnitten, mit Petersilie in Butter gedünstet zu Farce von
Bratenresten gemischt und in die Schwämme gefüllt. Den
Rest gibt man in eine ausgeschmierte Schüssel, setzt die
Schwämme darauf, deckt sie mit einem mit Butter bestrichenen
Papiere zu und stellt sie in das Rohr.

Gefüllte Morcheln.

Den Morcheln bricht man die Stiele aus und gibt diese
fein geschnitten und gedünstet zu einer Kalbsfarce, mit der
man die ausgehöhlten Hüte füllt. Den Rest mit saurem Rahm
gemischt gibt man in eine Schüssel und bäckt es im Rohr.

Gefüllter Salat.

Kopfsalat wird nicht zu weich gekocht, in kaltes Wasser
gegeben und auseinander gelegt. Dann streicht man zwischen
die Blätter eine Farce von rohem Kalbfleisch, 2 Dottern,
Salz und etwas Butter, gibt ihm seine vorige Gestalt und
dünstet ihn mit Butter oder, auf Speck gelegt, mit etwas Suppe
ab. Man schneidet ihn dann in 2 Theile und gibt ihn als Gemüse.

Gemüse-Ragout.

Suppen-Spargel, kleine grüne Bohnen und der obere Theil (Köpfchen) Karfiol werden würflig geschnitten und unter Zugaben von etwas kohlensaurem Natron in heissem Wasser weich gekocht. Das Ganze wird dann in zerlassener Butter unter Beimengung von geschnittenen Champignons und Petersilie etwas gedünstet und mit ein bis zwei Eidottern befestigt.

Karfiol.

Wenn vollständig gereinigt, wird er gesotten, wobei man ihn in ein Tuch binden, und in das Salzwasser hängen kann, damit die Rosen ganz bleiben. Man stellt diese in der Mitte auf und gibt etwas zerlassene Butter herum. Auch kann etwas geriebener Parmesankäse oder etwas Grahambrod-Brösel darauf gestreut werden. Bemerkt sei, dass nur die oberen Theile der Rose gegessen werden dürfen.

Karfiol mit Schinken.

Den gesottenen, klein zertheilten Karfiol gibt man in eine mit Butter ausgestrichene Schüssel, streut fein geschnittenen Schinken darüber und wechselt so in Schichten. Dann sprudelt man 4 Esslöffel saueren Rahm mit 2 Dottern ab. schüttet es darüber, bestreut es mit Parmesankäse, schmalzt es mit Butter ab und bäckt es 1/4 Stunde bei mässiger Hitze.

Salat.

Der Salat wird sorgsam gereinigt und gewaschen, in gesalzenem Wasser gekocht und in heisse Butter gegeben. Zu beachten wäre, alle Stengel und Rippen herauszuschneiden, da dieselben etwas Zucker enthalten.

Sauerampfer-Purée.

Der Sauerampfer wird, um seine Säure zu mildern und die Farbe zu verschönern, mit Spinat gemischt und mit gesalzenem Wasser gekocht und passirt. Dann mischt man saueren Rahm und 2 Dotter dazu. Es soll dick wie anderes Purée sein.

Schnittbohnen (Grüne Fisolen).

Dieselben werden länglich geschnitten, in Salzwasser weich gekocht und in zerlassener Butter aufgedünstet.

2*

Spargel.

Die Stämme werden von den schuppenähnlichen Blättchen licht abgeschabt. Nun bindet man den Spargel locker zusammen und legt ihn in eine Casserolle, gross genug, dass die Köpfe nicht abgestossen werden. Wenn er mit gut gesalzenem Wasser weich gekocht ist, wozu er ungefähr eine 1/2 Stunde braucht, wird er aufgebunden in die Schüssel gelegt und zerlassene Butter mit etwas Grahambrod-Bröseln oder Parmesankäs darüber gegeben.

Spinat.

Derselbe wird rein gewaschen, in Salzwasser gekocht, abgeseiht und mit kaltem Wasser überschüttet, dass er schön grün bleibt, und kurz vor dem Serviren heisse Butter darüber gegossen. Man kann den Spinat mit dem Wiegmesser auch fein schneiden.

Spinat-Pudding.

Zwei Hände voll Spinat schneidet man recht fein, gibt es in heisse Butter, dünstet es etwas ab und lässt es auskühlen. Indessen schneidet man auch Bratenreste recht fein, rührt 2 Dotter, das Fleisch und etwas Salz zum Abgedünsteten, sowie den Schnee der 2 Klar, gibt die Masse in eine Form und lässt es im Dunst kochen.

Spinatwürstchen.

Wie gewöhnlich bereiteten Spinat streicht man auf Frittaten, schneidet jede in 4 Theile und rollt sie zu Würstchen, die man schön gleich schneidet, auf eine Schüssel legt, etwas saueren Rahm mit Ei abgesprudelt darüber schüttet und in das Rohr stellt und bäckt.

Sprossenkohl.

Die Röschen werden in gesalzenem Wasser gesotten, mit kaltem Wasser überschüttet, und wenn sie auf dem Siebe etwas abgetrocknet sind, in zerlassene Butter gegeben, die man kurz einkochen lässt.

Schwämme.

Alle Gattungen Schwämme (Champignons, Morcheln, Pilzlinge, Eierschwämme etc.) schneidet man blätterig, salzt sie etwas, dünstet sie mit Butter und Petersilie, sprudelt 2 Esslöffel saueren Rahm mit 2 Dottern ab und giesst sie darüber. Noch etwas aufdünsten lassen unter Umrühren.

Salate.

Bohnensalat.

Die Bohnenschoten werden länglich geschnitten, in Salzwasser weich gekocht und ausgekühlt, abgeseiht verrührt man sie mit Citronensaft, Oel und fein geschnittener Petersilie oder Bertram.

Frischer grüner Salat.

Der Salat wird rein ausgewaschen, von allen Stengeln und Rippen befreit, mit Citronensaft, Oel und Salz angemacht und mit harten Eiern garnirt.

Gurkensalat.

Die Gurken werden geschält, fein blätterig geschnitten, stark gesalzen und zugedeckt eine Weile bei Seite gestellt. Man schüttet sie dann in ein Sieb zum Abtropfen und macht sie mit Citronensaft oder mit sauerem Rahm an. Man vermeide die Zugabe von Oel, da der Salat dann besser vertragen wird.

Karfiolsalat.

Den Karfiol lässt man in Salzwasser weich kochen, und wenn er erkaltet, schneidet man die oberen Theile der Rose ab, legt ihn zierlich auf die Schüssel und schüttet Citronensaft, Oel und Salz kurz vor dem Gebrauche darüber. Man kann auch passirte harte Dotter und Petersilie mitrühren oder kalte Kräutersauce darüber geben oder mit Mayonnaise überstreichen und mit Aspik, Sardellen, Oliven und hartgesottenen Eiern garniren.

Spargelsalat.

Der Spargel wird, so weit er zäh ist, abgebrochen, gereinigt, in Salzwasser gesotten und wie der Karfiol mit gemischtem Citronensaft, Oel und Salz übergossen.

Specksalat.

Man lässt kleinwürfelig geschnittenen Speck gelb werden, nimmt die Grammeln heraus und brennt mit dem Fett den von Stengeln und Rippen befreiten, geschnittenen Salat ab. Dann gibt man die warm gehaltenen Grammeln darüber und Citronensaft dazu.

Rindfleisch.

Abgeschmalzenes Rindfleisch.

In Stücke geschnittenes, gekochtes Rindfleisch legt man in eine Schüssel, sprudelt saueren Rahm, etwas Suppe und Citronensaft zusammen ab, schüttet es darüber, mischt fein geschnittene Petersilie und einige Grahambrod-Brösel, streut dies auf das Fleisch, gibt heisses Fett darüber und lässt es im Rohre auskochen.

Beefsteaks mit Hindernissen.

Zu Beefsteaks werden verschiedene Garnirungen gegeben, als: Ochsenaugen, Schnittbohnen, Sprossen, Spinat, Salzgurken u. dergl. erlaubte Gemüse.

Boeuf à la mode.

Ein Stück Schweiförtel geklopft und gesalzen, durchzieht man mit kleinfingerdick geschnittenem Specke und geräucherter oder Pökelzunge. Dann gibt man es auf Speckschnitten, dünstet es, bis es Farbe hat, seiht dann den Saft und gibt ihn in eine Schale.

Englisches Rindfleisch.

Ein Stück gut abgelegenes Fleisch durchzieht man mit kleinfingerdick geschnittenem Specke, reibt es mit Wacholderbeeren, Citronenschalen, Sardellen und Salz ein und lässt es 24 Stunden liegen. Man gibt es dann mit Speck in eine Casserole und dünstet es mürbe.

Englischer Rostbraten.

Ein mürbe abgelegener Rostbraten wird ein wenig geklopft und gesalzen; dann gibt man heisses Schmalz in eine Pfanne und bratet ihn auf jäher Hitze ab, damit er inwendig saftig bleibt, gibt dann etwas Suppe dazu, damit ein kurzer Saft entsteht.

Eszterházy-Rostbraten.

Schnitzchen von geklopftem Rostbraten bestreicht man mit fein geschnittenem Speck, etwas Sardellen und Citronenschalen, rollt sie zusammen, umwindet sie mit Bindfaden, legt sie auf Speck und dünstet sie mürbe, wobei man öfters etwas Suppe dazu gibt. Man lässt dann Petersilie, Sardellen und Citronenschalen in Fett anlaufen, giesst sauren Rahm dazu und kocht das Fleisch damit auf.

Falscher Hasenrücken.

Zu ½ Kg. rohen Lungenbraten nimmt man 6 Deka Speck, 2 hartgekochte Dotter, Petersilie, Salz und schneidet und stosst es fein, mischt ein Ei dazu und formirt es wie einen Hasenrücken, den man ebenso spickt, beim Braten mit Fett und Rahm begiesst und angerichtet mit Citronenschalen bestreut.

Fines herbes-Schnitzchen.

Man bestreicht die Schnitzchen von Lungenbraten nach dem Salzen mit fein geschnittenen Kräutern (Petersilie, Bertram, Gundelkraut) und lässt sie eine Weile liegen, taucht sie dann in warme Sardellenbutter, dreht sie in Grahambrod-Brösel, bratet sie jäh ab und gibt eine halbe Citrone dazu.

Fleisch-Roulade.

Auf geklopfte Schnitze von Rost- und Lungenbraten streicht man eine Farce von rohem Kalbfleische, rollt sie zusammen, umwindet sie mit Fäden, bratet sie ab und gibt sie nach der Länge auseinander geschnitten auf Gemüse.

Gebackene Rostbraten.

Das Fleisch von recht mürben, abgelegenen Rostbraten, von Beinen, Haut und Fett befreit, klopft man zu dünnen

Schnitzchen auseinander, lässt sie gesalzen ein paar Stunden liegen, dreht sie dann in abgeschlagene Eier und Grahambrod-Brösel und bäckt sie langsam in Schmalz.

Gebratener Lungenbraten.

Ein abgelegener Lungenbraten wird geklopft, abgehäutelt, gesalzen, bei starker Hitze eine halbe Stunde gebraten und dabei fleissig mit heisser Butter begossen und in das Geschirr nur wenig Suppe gegeben. Er bleibt dadurch inwendig saftig und wird, schief zu Streifen geschnitten, mit dem kurzen Safte angerichtet.

Gebratenes, gespicktes Fleisch.

Ein Stück mürbe abgelegenes Schweif- oder Schalörtel wird von Beinen, Fett u. s. w. befreit, in ein Tuch gedreht, geklopft, dann gesalzen und gespickt, in heisses Fett gegeben, anfangs zugedeckt, dann bei fleissigem Begiessen mit Fett und Suppe gebraten.

Gedünsteter Rostbraten.

Einen abgelegenen Rostbraten gibt man gut geklopft nebst den abgeschnittenen Beinen etc. in eine Casserolle, bedeckt ihn mit Wasser, dünstet ihn zugedeckt, bis sich dieses verkocht hat und das Fleisch mürbe ist.

Gefüllte Schnitze.

Auf gesalzene Schnitze von Lungenbraten streicht man fingerdick eine Farce von den Abfällen des Fleisches, legt ein zweites Schnitzchen darauf, drückt es an und bratet sie, auf Speck gelegt, ab, gibt etwas Suppe und Citronensaft dazu und lässt den Saft kurz einkochen.

Gerollter Lungenbraten.

Dieser wird abgehäutet und zu einem länglichen Flecken auseinander geklopft. Die Abfälle des Fleisches, 1 Sardelle, ein Stück Speck und 2 hartgekochte Dotter fein gehackt, mischt man mit 1 Löffel sauerem Rahm und Salz und streicht es auf das eingesalzene Fleisch. Man rollt es nun zusammen, bindet es mit Spagat, legt die Wurst auf Butter und dünstet sie. Der Saft wird dann passirt und über das zu Scheiben geschnittene Fleisch gegossen.

Gespickter Lungenbraten.

Ein gut abgelegener Lungenbraten wird geklopft, ab-gehäutelt, gesalzen und dann schön gespickt, bei starker Hitze eine halbe Stunde gebraten. In den Saft kann man kurz vor dem Serviren etwas saueren Rahm geben.

Harlequinfleisch.

Man klopft und salzt ein Stück Lungenbraten und spickt es mit kleinfingerdick geschnittenem Specke, Schinken, Zunge, Salzgurken, Sardellenstreifen und mit hartgekochtem Eiweiss, worauf man das Fleisch netzartig mit Bindfaden umwindet. Man legt es auf Speck, gibt Citronenschalen, die Abfälle von den Sardellen und einige Löffel Wasser dazu und bratet das Fleisch bei öfterem Umdrehen und Begiessen, bis es schön gelb ist. In den abgeseihten Saft sprudelt man etwas saueren Rahm und übergiesst damit das Fleisch.

Kalter Fleischkuchen vom Lungenbraten.

Das Fleisch wird nebst halb so viel Speck fein ge-schnitten, gesalzen und gestossen, mit sauerem Rahm, würfeligem Speck und ein paar Dottern gemischt, in die mit Speck aus-gelegte Form gegeben und langsam gebacken. Nachdem der Kuchen kalt ist, wird er, um ihn zu stürzen, etwas erwärmt, dann zu schönen Stücken geschnitten und mit Aspik garnirt.

Kaltes Rostbeef.

Das Rostbeef wird in feine Scheiben geschnitten und mit Aspik garnirt.

Lungenbraten à l'Italienne.

In ein mürbe geklopftes Stück Lungenbraten aus der Mitte bohrt man einige Löcher, gibt in dieselben Sardellenbutter und Wacholderbeeren, bestreicht ihn auf beiden Seiten mit Ei, streut Grahambrod-Brösel darüber, legt ihn in eine Brat-pfanne und begiesst ihn beim Braten mit Sardellenbutter.

Lungenbraten-Schnitzchen.

Man dreht geklopfte Schnitzchen in lauer Sardellenbutter um und lässt sie einige Stunden liegen. Jäh abgebraten, nimmt man sie aus dem Fette, gibt in dieses fein geschnittene Petersilie, nachdem sie angelaufen etwas Suppe, und lässt damit die Schnitzchen ein wenig aufkochen.

Norweger.

Rindfleisch, Kalbfleisch, Schweinefleisch werden zu gleichen Theilen zusammen mit etwas Hühnerfleisch und geräuchertem Speck sehr fein haschirt und dann durch ein feines Haarsieb passirt. Ein Stück Butter wird mit 3 Eierdottern, etwas Petersilie und fein geschnittenem Zwiebel gut abgetrieben, mit dem Fleische vermengt und gut durcheinander gearbeitet. Aus der Masse formt man Leibchen und brät diedieselben in heisser Butter.

Pörkelt.

Dieses wird von Lungenbraten oder Kammfleisch oder auch von saftigem Rindfleische mit Schwein- und Kalbfleisch gemischt, anfangs wie Rindsgulyás bereitet, jedoch abgebraten, bis der eigene Saft ganz eingegangen ist, worauf man öfters nur ein paar Löffel Wasser dazu schüttet, bis es mürbe ist. Man kann es dann mit saurem Rahm aufkochen.

Rindsschnitten.

Gut abgelegenes Fleisch schneidet man in Scheiben, bestreut sie mit Salz, legt sie zwischen dünne Schnitten von geräuchertem Specke und bratet sie in einer zugedeckten Casserolle mürbe. Man gibt sie mit dem Specke auf die Schüssel und Gemüse dazu.

Rindsgulyás.

Man schneidet Speck klein würfelig, lässt ihn heiss werden und gibt dann geschnittenes Fleisch hinein. Man dünstet es zugedeckt, anfangs auf stärkerer, dann mässiger Hitze ohne Aufrühren und gibt, sobald es nicht mehr blutig aussieht, so viel Wasser dazu, dass es damit bedeckt ist. Nach zwei bis drei Stunden Dünsten auf mässiger Hitze gibt man 1 Löffel Rahm dazu und richtet es an.

Rostbraten mit Sardellen und Rahm.

Man dünstet einen Rostbraten mit Suppe und Speck, wenn er weich ist, lässt man den Saft braun werden und gibt fein geschnittene Petersilie, Sardellen und einige Esslöffel saueren Rahm dazu.

Saftbraten.

Ein schönes Stück wird in ein Tuch gedreht, geklopft und gesalzen. Dann lässt man würfelig geschnittenen Speck gelb werden, gibt das Fleisch hinein, und wenn es etwas Farbe hat, gibt man Suppe oder heisses Wasser darauf, dass es fast bedeckt ist, und lässt es zugedeckt im Rohre dünsten.

Schnitze von gehacktem Fleisch.

Rohes Rindfleisch hackt man fein, salzt es, formirt davon Schnitzchen und bratet dieselben in heissem Schmalze jäh ab.

Schwäbisches Fleisch.

Fingerdicke Schnitze von Lungenbraten oder saftigem Rindfleische klopft, spickt und salzt man und dünstet sie mit Speck, etwas Citronenschalen, fein gehackten Kapern, Champignons, Petersilie und etwas Suppe. Den Saft seiht man über das Fleisch oder kocht etwas saueren Rahm damit auf.

Schwedische Rostbraten.

Man schneidet Petersilie, Citronenschalen und Sardellen fein zusammen, mischt ein Lorbeerblatt gestossen dazu und gibt es zu heiss gemachtem Beinmark, sowie die geklopften und gesalzenen Rostbraten. Man bratet sie zugedeckt, legt sie dann heraus und kocht das Bleibende mit Rahm und Suppe auf.

Kalbfleisch.

Eingemachtes Kalbsbriess.

Das in Suppe gekochte Briess schneidet man zu Scheiben, gibt saueren Rahm darüber, in dem zwei Eidotter abgesprudelt wurden, und lässt es aufkochen. Mit Citronensaft etwas säuern. Man garnirt es mit Karfiol und Schwämmen.

Fasch-Coteletten.

Zu 35 Dg. rohem Kalbfleisch nimmt man 3 Deka Beinmark, etwas Petersilie und schneidet alles recht fein; dann gibt man es in Mörser und stösst es mit 2 rohen Eidottern; wenn es recht fein ist, wird es durch ein Haarsieb passirt, dann salzt man die Farce ein wenig und formirt davon kleine Schnitzchen, welche in Butter rasch abgebraten und mit einer Champignon-Sauce servirt werden.

Gebratene Kalbs-Coteletten.

Geklopfte und geformte Rippenschnitzchen vom Kalbsschlegel bratet man mit Butter auf beiden Seiten schön braun und betropft sie dabei mit Citronensaft. Diese Cotelettchen kann man mit Gemüse oder mit einer pikanten Sauce serviren.

Gedünstetes Kalbsbriess mit Sauce.

Rindsfett, Kalbfleischabfälle, Knochen und die Briessröhre dünstet man ab und gibt, wenn es Farbe hat, etwas Suppe, ein Lorbeerblatt und einige Wacholderbeeren dazu, seiht dann den Saft und dünstet damit das zu Scheiben geschnittene Kalbsbriess. Diesen Saft kann man zu Champignon-Sauce mit Petersilie mischen und das Briess mit Krebsscheeren zieren.

Gerollter Kalbsbraten.

Von einem Bruststück löst man die Rippen auf der inneren Seite aus, untergreift sie zum Füllen, gibt Farce von rohem Kalbfleisch hinein und bestreicht auch die Rippenseite damit. Diese belegt man dann mit langen Streifen von Speck, Schinken und Zunge und streicht Farce darüber. Nun rollt man die Brust zusammen und näht sie an den Enden zu. Dann wird sie schön braun und rasch gebacken und zu Scheiben geschnitten.

Gespickter Kalbsbraten.

Ein Stück Rücken ohne Bein spickt man dicht mit ziemlich fein geschnittenem Speck. Dann bestreicht man das Fleisch mit Butter und Citronensaft und dreht es in einen Bogen Papier, welchen man gegen Ende ablöst, um dem Braten Farbe zu geben, wobei man ihn auch mit Rahm begiessen kann.

Gespicktes Kalbsbriess.

Man spickt die ganzen Rosen von blanchirtem ausgelösten Briesse, legt es auf Speck und Fleischabfälle, gibt etwas Suppe dazu, dünstet es mit Oberhitze, damit der Speck Farbe bekommt, und begiesst es dabei fleissig mit dem Safte. Man garnirt es mit Gemüse.

Gespicktes Schnitzel.

In heisses Fett gibt man fein geschnittene Petersilie und die gespickten, gesalzenen und geklopften Kalbsschnitzchen. Man dünstet sie zugedeckt und schüttet, wenn der Saft eingegangen, öfters etwas Suppe dazu, bis sie mürbe genug sind.

Kalbsbraten mit Sardellen.

Mit zerdrückten Sardellen und Beinmark, dem man auch Petersilie beimischen kann, spickt man ein Stück vom

Schlegel, indem man mit einem schmalen, spitzen Messer vorher in das Fleisch sticht und etwas davon einstreicht, salzt
ihn dann und bratet ihn, wobei man ihn mit Fett, Suppe und
sauerem Rahm begiesst.

Kalbsbriess mit Krebsbutter.

Man dünstet die gespickten Rosen von Briess mit Krebsbutter, Suppe und Glace, bis es eine schöne rothbraune Farbe
hat, und garnirt es dann mit Spargelspitzen, Krebsscheeren- und
-Schweifchen.

Kalbsbrust mit Krebsfülle.

Zu einem Abtrieb von Krebsbutter und 2 Dottern gibt
man Salz, Petersilie, Krebsfleisch, den Schnee der 2 Eier und
einige Grahambrod-Brösel; damit wird die Kalbsbrust gefüllt
und beim Braten mit Krebsbutter bestrichen.

Kalbsbrust mit Ragoutfülle.

Ein gutes Ragout vom Briess wird mit Dottern gebunden
und mit diesen eine Kalbsbrust gefüllt, zu der man Salat serviren
kann.

Kalbsbrust mit Schinkenfülle.

Zu einem Stück Kalbsbrust nehme man ungefähr 6 Deka
Beinmark, in dem man Petersilie anlaufen liess, 2 Eier, 10 Deka
fein geschnittenes Schinkenfleisch, einige Grahambrod-Brösel,
füllt damit die Kalbsbrust und begiesst sie fleissig beim Braten,
damit sie nicht trocken wird.

Kalbs-Coteletten mit Mayonnaise.

Schöne Coteletten werden mit feinen Kräutern zwischen
Speckschnitten weiss gedünstet. Nach dem Auskühlen werden
sie in Mayonnaise getaucht und mit Aspik garnirt.

Kalbs-Coteletten mit Sardellen.

Die geklopften Coteletten durchspickt man mit Sardellen
und Speck, bratet sie in Sardellenbutter ab und gibt zum Schluss
einige Esslöffel sauerem Rahm in den Saft.

Kalbfleisch eingemacht.

Das Fleisch von Brust, Schulter u. s. w. wird zu Stücken geschnitten, gesalzen, dann mit Fett und Suppe mürbe gedünstet. Wenn der Saft eingegangen ist, legt man das Fleisch heraus, gibt 2 Löffel saueren Rahm und 2 Eidotter in den Saft, lässt denselben aufkochen und übergiesst damit das Fleisch. Als Würze gibt man feingeschnittene Petersilie.

Kalbs-Fricandeau gedämpft.

Nachdem das Fleisch (Schlegel, Schnitz oder Nuss) gespickt ist, legt man es auf Speck, gibt öfters Suppe dazu und schöpft beim Dünsten mit Oberhitze den Saft fleissig darüber.

Kalbskopf mit Farce.

Auf eine mit Butter bestrichene Schüssel gibt man Kalbs-farce mit Ei und sauerem Rahm verdünnt, belegt sie mit Stücken von gekochtem Kalbskopfe, deckt sie mit Farce zu, streicht Rahm darüber und bäckt es im Rohre.

Kalbs-Roulade mit Champignons.

Auf geklopfte Schnitzchen streicht man eine Farce von gehacktem Kalbsbraten, Beinmark, feinen Kräutern, Salz, Dottern und sauerem Rahm, rollt und bindet sie und dünstet sie zwischen dünnen Speckschnitten mit Oberhitze. Dann nimmt man den Speck heraus, gibt fein geschnittene Petersilie und Champignons dazu und giesst es mit etwas kräftiger Suppe auf.

Kalbsschlegel mit pikanter Sauce.

Man klopft, wäscht und salzt ein Stück vom Schlegel, sticht Löcher in das Fleisch und gibt in diese Speck, Zunge und Schinken, welche man kleinfingerdick und fingerlang geschnitten und mit Salz bestreut hat. Dann wird das Fleisch mit Speck, etwas Citronenschalen und Suppe mit Oberhitze gedünstet und dabei fleissig mit dem Safte begossen. Wenn es mürbe ist und eine schöne Farbe hat, legt man das Fleisch heraus und gibt das Fett in die Casserolle zurück, mischt etwas Citronensaft und saueren Rahm dazu, lässt die Sauce etwas aufkochen und passirt sie über das Fleisch.

Kaiserschnitzel.

Fingerdicke Schnitzel salzt und klopft man und bratet sie zugedeckt mit etwas Butter ab. Dann lässt man einige Löffel saueren Rahm damit aufkochen und kann auch fein geschnittene Sardellen, Citronenschalen und Saft dazu geben.

Kalbsteaks.

Man schneidet vom Schlegel fingerdicke, runde Schnitzchen herab, bereitet sie ganz wie Beefsteaks, und garnirt sie mit Ochsenaugen.

Naturschnitzel.

Es werden dünne Kalbsschnitzel hergerichtet, gesalzen und geklopft, dann in heisser Butter rasch abgebraten und öfters ein bischen Suppe dazu gegossen, damit ein schöner brauner Saft entsteht.

Wiener Schnitzel.

Die gesalzenen und sehr gut mit dem Rücken des Küchenmessers geklopften Kalbsschnitzel dreht man in Ei und Grahambrod-Brösel, gibt sie in heisses Schmalz und bratet sie auf beiden Seiten schön gelb.

Lamm- und Schöpsenfleisch.

Coteletten à la Nelson.

Die geklopften gesalzenen Rippenstückchen von einem Lamms- oder Schöpsenrücken bestreicht man auf der einen Seite mit einer Mischung geschnittener Petersilie und Sardellen und dünstet sie mürbe. Wenn sie Farbe bekommen, bestreut man sie mit geriebenem Parmesankäse, gibt etwas sauerem Rahm zum Boden und lässt sie noch so lange im Rohre, bis sie wie glasirt aussehen.

Gebackenes Lämmernes.

Das Fleisch von Schulter oder Brüstchen schneidet man zu kleinen Stückchen, lässt sie eingesalzen eine Weile liegen, worauf man sie in Eier und Grahambrod-Brösel dreht und in Schmalz bäckt.

Gebackene Lamms-Coteletten.

Man klopft kleine Rippenschnitzchen, salzt sie ein wenig, dreht sie dann in Ei und Grahambrod-Brösel und bäckt sie aus dem Schmalze; man servirt sie zu Ragout, Gemüse u. dgl.

Gebratene Lamms-Coteletten.

Man schneidet die Coteletten zu zwei Rippen ab, klopft und formirt sie, ein bischen salzen, bratet sie dann in Butter schön gelbbraun und gibt sie zu Gemüse, Schwämmen oder Ragout.

Gedünstete Schöpsenkeule.

Ein Stück von einem abgelegenen tüchtig geklopften Schlegel, von Beinen ausgelöst und frei von Fett, salzt man und durchzieht ihn mit geschnittenem Speck und rohem mageren Schinken, den man dazu mit Salz bestreut, worauf man das Fleisch mit Bindfäden netzartig einschnürt. Nun legt man es auf Speckscheiben in eine Casserolle und gibt in die leeren Räume die zerhackten Knochen und einen Schöpflöffel Suppe dazu. Man verschliesst die Casserolle und dünstet das Fleisch, bis der Speck lichtbraun geworden, schüttet nun wieder Suppe dazu und dämpft es mit Oberhitze, bis es weich ist. Das Fleisch wird dann herausgenommen, der Saft geseiht und entfettet und in einer Schale dazu gegeben.

Gedünstete Schöpsen-Coteletten.

Die schön hergerichteten Coteletten werden gesalzen und gespickt, dann mit Butter und etwas Suppe gedünstet, bis sie mürbe sind und der Saft anfängt, braun zu werden, worauf man ihnen mit Oberhitze Farbe gibt. Man kann sie mit Schnittbohnen, Kohlsprossen oder sonstigem Gemüse serviren.

Gefüllte Coteletten.

Man schneidet von Lammsschlegel gleich grosse Schnitzchen herab, salzt, klopft und formirt sie schön gleich und spickt die Hälfte davon. Von den gehackten Abfällen des Fleisches macht man mit Beinmark und ein paar Dottern, Petersilie, Citronenschalen oder Sardellen eine Farce, streicht sie auf die ungespickten Schnitzchen und legt die gespickten darauf. Nun gibt man sie auf Speck, etwas Suppe dazu und dünstet sie mit Oberhitze, wobei man den Saft fleissig darüber schöpft, den man dann seiht und mit Citronensaft säuert.

Gespickte Lamms-Coteletten.

Schön formirte Cotelettchen werden ein bischen gesalzen, dann zierlich gespickt und in würfelig geschnittenem Speck rasch abgebraten und mit Gemüse servirt.

Hammel- oder Schöpsenbraten.

Einen Schöpsenrücken richtet man entweder wie einen Rehrücken, indem man die Rippen an beiden Seiten gleich-

3*

mässig abhaut, oder man spaltet einen fleischigen Rücken in der Mitte entzwei. Den Schlegel klopft man tüchtig, damit das Fleisch mürbe wird. Man reibt es mit Salz ein, lässt es ein paar Stunden liegen, dünstet es Anfangs zugedeckt, bratet es 2—3 Stunden und gegen Ende mit starker Hitze, damit das Fett recht herausgebraten wird. Es ist jedoch besser, das Schöpsenfett vom rohen Braten wegzulösen und ihn mit Butter und Speck zu belegen. Den Saft gibt man geseiht und entfettet in einer Schale zum Braten, den man mit Gemüsen garnirt.

Lammfleisch mit Rahm.

Man dünstet ein Stück von einem Schlegel oder einer Schulter mit Butter und etwas Suppe, gibt dann zerdrückte Sardellen, fein geschnittene Petersilie, Citronenschalen und saueren Rahm dazu und dünstet das Fleisch damit noch eine Viertelstunde.

Lammfleisch im eigenen Safte.

Einer Schulter löst man die Beine aus, spickt die obere Seite und zieht sie mit einem Bindfaden unten ein und zusammen. Dann dünstet man sie mit Speck, den zerhackten Knochen und etwas Suppe und schöpft den Saft öfters darüber. Man gibt ihn dann geseiht über das Fleisch und garnirt es mit Gemüse.

Schöpsenkeule mit Sardellen.

Von einem geklopften Schlegel zieht man die Haut ab, löst das Bein aus, reibt das Fleisch mit Salz ein, spickt die obere Seite mit Sardellen und lässt ihn eingeschwert 24 Stunden liegen; dann dämpft man ihn zwischen Speckplatten in einer Casserolle mit Oberhitze bis er weich ist, gibt den kurzen Saft geseiht und entfettet darüber und servirt ihn mit Nocken oder Nudeln.,

Schöpsenbraten auf Wildpretart.

Man reibt einen Rücken oder Schlegel mit Salz, gestossenen Wacholderbeeren, Tannen- oder Fichtennadeln ein und lässt ihn in ein Tuch geschlagen mehrere Tage an einem kühlen Orte liegen, worauf man ihn Anfangs mit Speck und Suppe dünstet und dann beim Braten mit saurem Rahm begiesst.

Schweinfleisch.

Farcirte Schweinfleisch-Schnitzchen.

Man hackt ein fettes Stück Fleisch, gibt Salz und Citronenschalen dazu, formirt Schnitzchen davon, bratet sie in Fett ab
und gibt Gemüse oder eine Sauce dazu.

Jungfernbraten.

Lungenbraten oder abgelöstes Rückenfleisch eines Schweines
reibt man mit einer Mischung von Salz, Petersilie und etwas
Kümmel ein, dreht ihn in das Schweinsnetzel und beschwert
ihn durch einige Tage an einem kühlen Ort. Dann bratet man
ihn und begiesst ihn dabei mit saurem Rahm.

Milchferkel (Spanferkel).

Das gut gesalzene Ferkel steckt man an den Spiess,
bindet es fest und gibt 2 Bogen Papier mit Butter bestrichen
herum, befestigt diese mit Spagat und bratet es anfangs langsam. In die Pfanne darf man kein Wasser geben, damit
die Haut spröde werde. Eine halbe Stunde vor dem Anrichten
nimmt man das Papier weg und bestreicht das Thier mit
einem Stücke Speck und gegen Ende wäscht man es ein paar
Mal mit Bier ab. Nach diesem, sowie wenn es schwitzt,
wischt man es mit einem reinen Tuche ab. Wenn man es im
Rohr bratet, dreht man es nicht um, damit die Rückenhaut
schön braun wird, und so oft sich eine Blase erbebt, sticht
man mit einer Nadel hinein. Es braucht zum Ausbraten ungefähr
1 bis 1½ Stunde.

Presswurst.

¹/₂ Kilo frisches Schweinfleisch, die Ohren des Schweines, 40 Dg. geräucherte Zunge, alles gekocht, ¹/₄ Kilo gedünstetes Rindfleisch schneidet man würfelig, mischt Alles zusammen, gibt ¹/₄ Kilo angelaufenen und geschnittenen Speck, etwas Salz, Majoran und 3 Löffel Blut dazu, füllt es in eine Herzblase und näht sie zu. Man kocht diese Wurst im Wasser eine Stunde. Wenn man sie aus dem Sude nimmt, legt man sie zwischen zwei Bretter, beschwert sie etwas und servirt sie kalt, fein aufgeschnitten, mit Aspik garnirt.

Schweinsbraten.

Man reibt ein Rückenstück oder einen Schlegel einige Stunden vor dem Gebrauch mit Salz ein und begiesst das Fleisch mit dem abgetropften eigenem Fette.

Schweinsbraten mit der Schwarte.

Von den jungen, wenig fetten Schweinen legt man einen Rücken anfangs mit der Hautseite in siedendes Wasser in die Pfanne, damit die Haut etwas gekocht wird, worauf man sie mit einem scharfen Messer in kleinfingerbreiter Entfernung würfelig einschneidet. Dann wird die Schwarte gegen oben gedreht und bei fleissigem Begiessen mit dem Abgetropften lichtbraun und spröde gebraten.

Schweinskopf als gestürzte Sulz.

Man schneidet das im Sude ausgekühlte Fleisch dicknudelig, klärt dann die Sulz, mischt das Fleisch dazu, wenn sie geseiht ist, und füllt damit einen Model voll, den man in kaltes Wasser zum Sulzen stellt.

Schweinskopf als Wurst.

Man nimmt Kopf und Füsse, ehe sie ganz weich sind, aus dem Sude, löst die Beine aus und schneidet das Fleisch zu Würfeln, dreht es wurstförmig in eine Serviette, bindet sie an beiden Enden fest, schnürt Bindfaden netzartig darüber, kocht es in der Sulz fertig und lässt es darin erkalten, nachdem man sie geseiht hat. Ausgewickelt, wird die Wurst zu Scheiben geschnitten, auf die Schüssel gelegt und eine kalte Kräutersauce darüber gegeben.

Schinkengalantine.

Man stosst 40—50 Dg. Schinken mit 3 Dottern sehr fein, passirt es dann und gibt das Passirte zu einem Stückchen mit 3 Dottern abgetriebener Butter; wenn dies gut gemischt und recht fein und schmiegsam ist, bestreicht man ein Stück weisse Leinwand mit Butter und gibt die Farce darauf, streicht sie fingerdick hoch und 10—15 Centimeter breit auf und legt Stückchen von Zunge, Speck und Pistazien ein. Dann formirt man das Ganze mit Hilfe des Messers zu einer Wurst, dreht es in Leinwand fest ein und näht es an der Seite zu. Die beiden Enden werden mit Spagat zugebunden und auch die ganze Wurst noch mit Spagat umwunden, damit sie mehr die Form behält. Dann wird sie in kochendes Salzwasser gegeben und beiläufig eine halbe Stunde gekocht. Nachdem sie ausgekühlt, wird sie in schiefen Scheiben aufgeschnitten, zierlich angerichtet und mit Aspik garnirt.

Wildpret.

Birkhahn.

Ein junges und mürbe abgelegenes Thier wird wie der Fasan bereitet oder gespickt und beim Braten mit Butter, Suppe, Citronensaft und gegen Ende auch mit sauerem Rahm begossen. Alte werden überdünstet.

Faschirter Hasenrücken

Von einer Rehschulter oder junge Hasen schabt man das Fleisch aus Haut und Sehnen, hackt es mit Speck recht fein, mischt eine zerdrückte Sardelle, Citronenschalen, Salz, 4 Löffel sauren Rahm und 2 Dotter dazu. Diese Farce gibt man in eine mit Fett ausgestrichene Form und stellt sie zum Braten in das Rohr. Auf die Schüssel gestürzt, gibt man Wildpretsauce mit Rahm darüber und streut fein geschnittene Citronenschalen darauf.

Farcirtes Wildpret als Wurst.

Von rohem Reh- oder Hasenfleisch macht man eine Farce. Dann schneidet man Speck, Zunge oder Schinken und Brustfleisch von Kapaun zu langen, fingerdicken Streifen und legt diese (mit den Farben wechselnd) in die Farce ein, dass diese sie bindet. Zu einer Wurst formirt, wickelt man es in Speckplatten, windet Spagat herum und bratet es. Erkaltet aufgeschnitten, ziert man es mit Aspik.

Fasan.

Einen mehrere Tage abgelegenen Fasan richtet man her, salzt ihn aus- und inwendig gut ein, spickt Brust und Schenkel, und kann anfangs Speckplatten darüber binden. Beim Braten begiesst man ihn fleissig mit Suppe und wenn kein Speck darüber gebunden ist, auch mit Fett. Man gibt Compot oder gemischten Salat dazu.

Galantine von Wildgeflügel.

Von Wildgeflügel nimmt man das Fleisch mit Ausnahme des Bruststückes heraus, schneidet und stosst es, nebst ein bischen Kalbfleisch, Speck, 1 Sardelle, Citronenschalen, ein paar Wacholderbeeren und Salz recht fein; diese Farce füllt man ein, näht die Haut zu, bindet diese Galantine in Speck und bratet sie. Ausgelöst zu Scheiben geschnitten und wieder zusammengeschoben, gibt man eine kurze Wildpretsauce herum.

Gedämpftes Wildgeflügel.

Das eingesalzene, gespickte und auf Brust und Schenkeln mit Speckschnitten überbundene Thier (Fasan, Rebhuhn u. dgl.) dämpft man mit Oberhitze, mit Kalbfleischabfällen, Wacholderbeeren und etwas Suppe, und nimmt gegen Ende den Speck ab, um Farbe zu geben. Den kurzen Saft seiht man beim Anrichten darüber.

Gemsenbraten.

Beim Gemsenfleische ist zum Mürbewerden das Abliegen noch wichtiger als beim Reh, doch kann man bei Schlegeln oder Filets durch Klopfen nachhelfen. Man bereitet Schlegel und Rücken wie solche von Reh und Hirsch, nur braucht es länger zum Mürbewerden.

Haselhühner.

Abgelegen und hergerichtet wie Rebhühner, gespickt oder in Speck gebunden, bratet man sie nur mit Suppe und die gespickten auch mit Butter begossen.

Hasenbraten.

Der Hasenrücken oder der Lauf wird, nachdem man das Häutchen mit einem scharfen Messer glatt abgelöst hat, gesalzen und gespickt. Einen jungen, mürben Hasen bratet man mit Butter, Suppe und saucrem Rahm begossen oder nur mit Citronensaft und Butter.

Hasen-Pudding.

Zu ¹/₂ Kg. rohem Hasenfleisch gibt man ¹/₈ Kg. Kernfett und Speck, hackt es fein, mischt 1 Ei, Salz, Citronenschalen und einige Wacholderbeeren dazu, stosst und passirt es und füllt es in eine mit Speck ausgelegte Puddingform. Man siedet es über eine Stunde in Dunst, stürzt es dann, nimmt den Speck ab und gibt eine Wildpretsauce in einer Schale dazu.

Haché von Wildgeflügel.

Reste von gebratenem Wildgeflügel schneidet man sehr fein und kocht das zerschlagene Gerippe und Champignonabfälle aus, vergiesst mit dieser geseihten Brühe das abgedünstete Fleisch und lässt es gut verkochen. Bevor man es anrichtet, legirt man es mit 2—3 Eidotter und garnirt es mit Wildpretschnitzchen.

Hirsch- und Gemsenfleisch.

Von älteren, weniger zarten Thieren wird auch der Rücken, sowie Schlegel und Schulterfleisch mit Suppe, Wacholderbeeren und Lorbeerblättern gedünstet und dann im ganzen Stücke oder geschnitten und wieder zusammengeschoben auf die Schüssel gegeben und eine Hagenbuttensauce oder Preiselbeeren dazu servirt. Für alle Fälle empfiehlt es sich, Gemsfleisch vor der Verwendung durch einige Tage in einer Beize aus allen Sorten Wurzeln etc. liegen zu lassen und diese mindestens ein bis zweimal in heissem Zustande zu erneuern. Das Fleisch wird dadurch viel mürber und feiner.

Junges Wild.

Das Junge von einem Hasen (das Vordertheil nebst Lunge und Herz) oder eine Schulter, oder Brust von Reh, Hirsch oder Gemse schneidet man zu Stücken, dünstet sie mit

Speck, einigen Wacholderbeeren und Suppe. Wenn das Fleisch gedünstet ist, nimmt man es heraus und stellt es warm; die weniger schönen Stücke und die Knochen stosst man im Mörser ziemlich fein und vergiesst dann das Gestossene mit der Brühe; nachdem man es aufkochen lässt, passirt man die Sauce durch ein Haarsieb, gibt etwas fein geschnittene Citronenschalen und einige Esslöffel saueren Rahm dazu und giesst die Sauce über das gedünstete Fleisch, zu dem man Nocken oder Knödel servirt.

Kaltes Wildgeflügel als gestürzte Sulz.

Man schneidet das Brustfleisch von Fasanen u. dgl. zu dünnen Stücken und belegt mit diesen, sowie Zunge und harten Eiern, dünn eingegossenes Aspik und gibt etwas Sulze darüber. Das übrige Fleisch von Haut und Beinen gelöst, wird fein geschnitten und gestossen, mit etwas von der Sulze gemischt, in eine kleine Form gegeben, gesulzt und gestürzt zu Stücken geschnitten, welche man dann einlegt, worauf man die Zwischenräume mit Sulze anfüllt.

Kaltes Wildgeflügel mit Saucen.

Gebratenes oder gedämpftes Geflügel wird kalt zerlegt auf eine Schüssel gegeben und mit kalter Eier-, Kräuter- oder Kapernsauce übergossen, den Rand garnirt man mit Aspik.

Rebhühner.

Junge Rebhühner werden gerupft, gesengt, ausgenommen und gesalzen. Dann bindet man Speckschnitten über Brust und Schenkel, steckt sie an ein kleines Spiesschen, welches man bei offenem Feuer an einen grösseren bindet und bratet sie bei jäher Hitze, wobei man sie fleissig mit Suppe und dem Abgetropften begiesst. Den Speck lässt man beim Anrichten darauf, nachdem man den Faden abgenommen hat.

Ausgewachsene Rebhühner werden auf Brust und Schenkeln gespickt und mit Butter und Suppe begossen oder auch mit Citronensaft betropft, oder gegen Ende mit sauerem Rahm. Alte Thiere überdünstet man vor dem Braten, damit sie mürbe werden.

Rebhühner mit Salmi.

Man schneidet die Schenkel und Bruststücke von gebratenen Rebhühnern ab, hält sie warm und bereitet vom
übrigen nebst Kalbsmilz, Geflügelleber und Petersilie Salmi,
gibt es um die schönen Stücke der Rebhühner und besteckt
es mit gerösteten Grahambrod-Schnitten.

Rehbraten.

Von einem durch Abliegen mürbe gewordenen oder jungen
Schlegel oder Rücken nimmt man mit einem scharfen Messer
das Häutchen rein und glatt ab, salzt das Fleisch und spickt
es wie Hasenrücken.

Rehbraten mit Citronensaft.

Man legt ein wie vorher beschriebenes, vorgerichtetes
Stück in ein irdenes Geschirr und giesst einige Löffel voll
feinstes Tafelöl, mit dem Safte einer Citrone gemischt, darüber
und lässt es zugedeckt einige Stunden stehen. Dann dreht
man es in 2 Bögen mit Butter bestrichenes Schreibpapier,
steckt es an einen Spiess und bratet es im Rohre oder bei
offenem Feuer, begiesst es fleissig mit Butter und giesst
etwas Suppe dazu. Eine Viertelstunde vor dem Anrichten
nimmt man das Papier ab, gibt dem Speck jäh Farbe, worauf
man das Fleisch vom Spiesse zieht, auf der Schüssel etwas
salzt und mit Bratensaft übergiesst.

Rehbraten mit Rahm.

Man gibt einen gespickten Rehrücken oder Schlegel auf
Speck in ein irdenes Bratgeschirr, stellt es in das Rohr und
begiesst es beim Braten mit heisser Butter, Suppe, Citronensaft und sauerem Rahm.

Rehnuss und -Filet.

Man löst von einem Schlegel die Nuss oder von einem
Rücken die Filets aus und das Häutchen davon ab, salzt und
spickt das Fleisch und dünstet es mit Speck, fein geschnittener

Petersilie, Champignons, einigen Wacholderbeeren und etwas Suppe mit Oberhitze, begiesst es mit Citronensaft und sauerem Rahm, kocht es mit etwas Suppe auf, damit eine kurze Sauce wird und garnirt es mit Nudeln oder Nocken.

Rohrhühner.

Man zieht ihnen die Haut ab, lässt sie ein paar Stunden im Wasser, salzt sie dann ein und bratet sie mit Butter und Rahm begossen.

Schneehühner.

Sie werden ganz den Hasel- und Rebhühnern gleich bereitet, nachdem man sie durch einige Tage Abliegen mürbe werden liess.

Schnepfen.

Abgelegene Schnepfen werden gerupft, flammirt und ausgenommen. Man salzt sie, dreht die Flügel ein, steckt den langen Schnabel durch den rechten Flügel und überbindet die Brust mit Speck Man begiesst sie beim Braten mit Butter und Suppe und gegen Ende auch mit sauerem Rahm. Bei gehöriger Hitze brauchen sie etwas über $1/4$ Stunde. Vom rohen Eingeweide, mit Ausnahme des Magens, bereitet man eine Art Salmi, streicht es auf Schnitten von in Schmalz gebackenem Grahambrod, hält sie bis zum Gebrauche warm und garnirt mit diesem sogenannten Schnepfenkothe die Schüssel.

Schnepfenbrüste mit gesulzter Farce.

Von gebratenen Schnepfen löst man die Bruststücke ab und macht vom übrigen Salmi, zu der man auch den Schnepfenkoth mischt. Man gibt so viel kaltes flüssiges Aspik dazu, dass es sich sulzen kann und füllt es in eine Form, wobei man es mit Bruststücken unterlegt. Nun lässt man es fest werden, stürzt die Sulze und steckt in den hohlen Raum in der Mitte die Köpfe mit den Schnäbeln ein, dass letzere gleichmässig in die Höhe stehen.

Wildenten.

Zarte, junge, ein paar Tage abgelegene Enten bratet man, nur mit Butter begossen, schön braun und resch. Oder man reibt sie inwendig mit Butter aus, die man mit Salz, Citronensaft und Schalen gemischt hat, begiesst sie mit Butter und gibt Suppe oder Wasser in das Bratgeschirr. Den Bratensaft kann man so oder mit etwas saurem Rahm und Citronensaft aufgekocht dazu geben.

Wildgänse.

Nur junge Wildgänse werden gebraten und dabei wie Wildenten mit Rahmsauce bereitet; alte müssen überdünstet werden.

Wildschweinbraten.

Man marinirt Rücken, Filet oder Schlegel eines Frischlings mit Citronensaft und Wacholderbeeren durch mehrere Tage, begiesst das Fleisch dann beim Braten mit Butter und Suppe, später mit dem Abgetropften und bratet es 2 bis 3 Stunden. Zugleich macht man Wildpretsauce mit Wacholderbeeren und gibt den Saft dazu.

Wildschweinfleisch.

Die schwarze Haut schabt man mit einem Messer rein und wischt sie mit einem nassen Tuche ab. Man überkocht Fleischstücke mit gesalzenem Wasser und schöpft dabei Schaum und Fett ab. Dann gibt man einige Lorbeerblätter, einen schwachen Löffel Wacholderbeeren, einige Schöpflöffel Rindsuppe und 2—3 Esslöffel Citronensaft dazu und dünstet das zugedeckte Fleisch weich, wozu es einige Stunden braucht. Die Brühe wird geseiht und entfettet; man gibt davon in einer Sauceschale zum angerichteten Fleische oder kocht damit Hagebuttensalse zu einer dicklichen Sauce, oder man gibt Preiselbeeren zum Fleische.

Wildschweinfleisch mit kalter Sauce.

Kalt aus dem Sude genommenes Wildschweinfleisch wird zu dünnen kleinen Stücken geschnitten und Wacholdersauce dazu gegeben. Man kann dazu auch die Brust mit dem Bauchfleische verwenden, indem man alle Beine auslöst, das Fleisch mit Salz bestreut, zusammenrollt, bindet und kocht.

Wildpretschnitzchen.

Nachdem man einen rohen Rücken vom Hasen oder Reh abgehäutet hat, schneidet man ihn zu Coteletten oder löst das Fleisch ab und schneidet es zu fingerdicken Scheiben, klopft und salzt sie; dann werden sie in Butter gelegt und erst beim Gebrauche wenige Minuten auf starker Hitze gebraten und auf Wildpret-Ragout oder Fleischpurée gegeben.

Wildpretschnitzchen mit Rahm.

Von gut abgelegenem Filet oder Schlegel von Hirsch oder anderem Wild macht man fingerdicke Schnitze, spickt sie, dünstet sie mit würfelig geschnittenem Speck und gibt, nachdem sie mürbe sind und Farbe haben, saueren Rahm dazu.

Wildpretschnitzchen mit Saft.

Abgelöstes Filet oder Lendenbraten von mürbem abgelegenen Reh oder Hirsch schneidet man zu Scheiben, salzt sie und bereitet sie ganz wie Beefsteaks. Dann kocht man die Abfälle und Hirschknochen mit etwas Suppe und Citronensaft, seiht diesen Saft über die Schnitzchen durch und gibt dann noch Spiegeleier darauf.

Wildpret-Ragout.

Gebratenes Hasen- oder Rehfleisch bindet man mit Wildpretsauce und gibt auch Fleisch von Wildgeflügel, Champignons, geräucherte Zunge, von jedem gleichviel würfelig geschnitten, dazu.

Geflügel.

Fleischkapseln von Geflügel.

Zu Purée von Geflügel aller Art mischt man 4 Dotter und den Schnee der 4 Klar, füllt es in Papierkapseln, die man, auf das Blech gestellt, bäckt, und servirt es mit den Kapseln.

Gansfleisch mit Sauce.

Für Reste von gebratener Gans kann man die zerschlagenen Beine, die Haut und den Bratensaft mit etwas Suppe auf-kochen, die man dann seiht und zum Vergiessen einer kurzen, gelblichen, mit Gansfett und etwas sauerem Rahm bereiteten Sauce verwendet, zu der man ein bischen Citronensaft und das nudelig geschnittene Fleisch gibt.

Gebackene Hühner.

Junge Hühner werden geputzt und in 4 Theile geschnitten, dann gesalzen; nach einer Weile in abgeschlagene Eier und in Grahambrod-Brösel gedreht und schöngelb in Schweineschmalz gebacken. Wenn die Hühner fertig gebacken, dann bäckt man eine Handvoll Petersilienblätter, die man beim Anrichten oben darauf streut.

Gebackene Tauben.

Junge Tauben bäckt man wie die Hühner, nachdem man sie in 4 Theile geschnitten, gesalzen und in Grahambrod-Brösel gedreht hat. Man gibt sie auf Gemüse oder zu Salat.

Gebratene Gans.

Wenn eine Gans geputzt und hergerichtet ist, wird sie gesalzen; den Bauch kann man mit Champignon- oder Ragout-fülle anfüllen. An den Spiess gesteckt und fest gebunden, wird sie recht langsam gebraten und dabei fleissig mit Suppe und Butter, dann mit dem Abgetropften begossen. Das zu reich-liche Fett schöpft man aus der Pfanne, ohne es braun werden zu lassen.

Gebratene Haus-Enten.

Eine gemästete, junge Ente, trocken gerupft und mög-lichst einige Tage abgelegen, wird gewaschen und mit Salz ein-gerieben. Beim Braten begiesst man sie fleissig mit Suppe und Butter. Alte, sowie frisch abgestochene, überdünstet man vor dem Braten, um sie mürbe zu machen.

Gebratene Tauben.

Nachdem die Tauben wie Hühner hergerichtet sind, werden sie auf der Brust mit Speckschnitten überbunden und mit Suppe begossen jäh gebraten.

Gedünsteter Kapaun oder Indian.

Ein Kapaun oder Indian wird inwendig gut gesalzen, auf der Brust mit Citronensaft bestrichen und gespickt, oder mit Speckplatten überbunden; dann dämpft man ihn mit Fleisch-abfällen und etwas Suppe mit Oberhitze und seiht den Saft über den auf die Schüssel gegebenen Kapaun.

Gedünsteter Kapaun mit Sauce.

Man gibt zu einem gedünsteten Kapaun eine mit dem Fett und Saft bereitete Kräutersauce oder eine legirte Champignon-sauce, dünstet den Kapaun damit auf und servirt die Sauce in einer Schale dazu.

Gedünstete Tauben mit Blutsauce.

Gesalzene und gespickte Tauben dünstet man mit Speck, einigen zerstossenen Wacholderbeeren und etwas Suppe, bis sie mürbe sind; dann legt man sie heraus und gibt das mit

4

50   Geflügel.

Citronensäure aufgefangene Blut dazu, lässt es aufkochen, passirt dann die Sauce und gibt zum Schluss 2—3 Esslöffel sauren Rahm hinein.

Geflügelbrüste mit Krebsbutter.

Die roh abgelösten Brustschnitzchen von jungen Hühnern werden gespickt, mit Suppe und Krebsbutter bei starker Oberhitze abgedünstet und mit dem Safte fleissig bestrichen auf feines Gemüse oder Ragout gegeben.

Geflügelbrüste mit Purée.

Das roh ausgelöste Brustfleisch von jungen Hühnern, Fasanen, Rebhühnern, Wachteln u. s. w. zu Schnitzchen geklopft und gespickt, bratet man mit Butter ab und gibt sie auf Fleisch- oder Champignon-Purée.

Gefüllte junge Hühner.

Man gibt in die aufgeblasene Brust eine Krebs-, Farceoder Ragoutfülle, bratet sie wie obige und garnirt die Schüssel mit Karfiol, Schwämmen u. dgl.

Gefüllte Tauben.

Trocken gerupften Tauben füllt man die Brust mit Farcefülle und bratet sie.

Gespickte junge Hühner.

Fleischigen Hühnern spickt man Brust und Schenkel, bratet sie mit Butter und Suppe begossen und gibt Salat, feines Gemüse, oder eine Kräuter-, Champignon- oder Krebssauce dazu.

Gespicktes Poulard.

Man spickt ein Poulard auf der Brust und den Schenkeln, nachdem man ihm das äusserste Glied von den Flügeln und den Kopf weggehackt hat und salzt es ein. Dann bratet man es wie gewöhnlich und servirt Salat oder Compot dazu.

Gespickte Tauben.

Fleischigen Tauben spickt man Brust und Schenkel, schneidet Kopf und Hals weg, begiesst sie beim Braten mit Butter, Suppe und saurem Rahm und gibt als Garnirung verschiedene Gemüse.

Hühnersalat.

Junge Hühner werden mit Speckschnitten und Butter gebraten, dann in Stückchen geschnitten und eine Stunde mit Oel, Citronensaft und Salz marinirt. Dann schneidet man die äusseren Blätter von einem Häuptelsalat nudelig und macht dieselben mit Citronensaft, Oel und Salz an. Den geschnittenen Salat gibt man auf die Schüssel und gibt die Hühner herum. Mit einem hart gekochten und in 4 Theile geschnittenen Ei garniren.

Hühner mit Fricassee.

Zu dem Safte vom Dünsten der Hühner gibt man saueren Rahm, ein Stückchen Butter und ein Eidotter, rührt es dicklich und gibt die Sauce über das zertheilte Huhn.

Hühner mit Kräutersauce.

Man dünstet ein junges Huhn, legt es dann heraus, lässt im Fette feingeschnittene Kräuter anlaufen, gibt saueren Rahm dazu und kocht das Huhn damit auf.

Hühner mit Schwammsauce.

Man dünstet ein junges Huhn, gibt es zerlegt auf die Schüssel und eine geseihte Champignon-Sauce, oder eine Sauce mit kleinen Morcheln herum.

Indian.

Nachdem man einen abgelegenen Indian (Truthahn) herrichtet, reibt man ihn aussen und innen mit Salz ein und lässt ihn über Nacht liegen. Er wird mit Speckplatten überbunden und mit einem Stückchen Butter langsam gebraten, während dessen er fleissig mit Butter oder mit dem Abgetropften begossen wird. Aeltere Thiere sollen vor dem Braten überdünstet werden.

Junge Hühner.

Die geputzten Hühner werden an einen kleinen Spiess gesteckt, fest gebunden, mit Butter und Speck gebraten und fleissig begossen.

Junge Hühner garnirt.

Ein junges Huhn wird gesalzen, in Speck gebunden und mit klarer Suppe gedünstet. Will man es weiss gedünstet, so lässt man den Speck bis an's Ende daran, will man ihm Farbe geben, so dünstet man es bei stärkerer Oberhitze und nimmt ihn früher weg. Man gibt dann beliebiges feines Gemüse oder Ragout, gedünstete Schwämme, Krebsschweifchen und eine kurze mit dem Saft, sauerem Rahm und einem Eidotter bereitete Sauce dazu.

Junge Hühner wie Haselhühner.

Schöne junge Hühner werden gespickt und mit Butter und Suppe begossen gebraten, dann sprudelt man das beim Abstechen aufgefangene Blut mit Citronensaft, sauerem Rahm und fein geschnittenen Citronenschalen ab und begiesst die Hühner dann fleissig bis sie braun sind.

Junge Hühner mit Mayonnaise.

Man taucht die fleischigen Stücke von jungen weiss gedünsteten Hühnern in Mayonnaise, legt sie dann in einer Schüssel auf, gibt Salat herum und garnirt den Rand mit Sardinen, Eiern, Krebsschweifchen und Caviar.

Junge Hühner wie Rebhühner.

Man stosst Wacholderbeeren und Tannennadeln recht fein, mischt Salz dazu und reibt die trocken gerupften Hühner aussen und innen damit ein. Nach zwei Tagen werden sie gespickt und gebraten, dabei mit Butter und sauerem Rahm begossen.

Kapaun.

Das hergerichtete und ausgewaschene Thier wird dressirt, inwendig gesalzen, oder mit Sardellenbutter ausgerieben an den Spiess gesteckt. Man bratet es bei anfangs gelinder, dann stärkerer Hitze und fleissigem Begiessen zuerst mit Suppe und Butter, dann mit dem Abgetropften.

Kaltes Hausgeflügel mit Mayonnaise.

Die schönen Stücke von gebratenen Hühnern, Kapaun oder Indian taucht man in Mayonnaise, legt sie in einer runden, auf Eis gestellten Schüssel über gehacktem Aspik auf, die Bruststücke zuletzt, und ziert den Rand mit Aspik.

Kaltes Hausgeflügel als gestürzte Sulze.

Man legt einen glatten Model auf dünn eingegossenes, festes Aspik mit Brustfleisch, Zunge oder Schinken zierlich aus, bedeckt es wieder mit Sulze und gibt, wenn auch diese gestockt ist, das übrige Fleisch, nudelig geschnitten, und die kalte Sulze darauf und lässt sie stocken.

Poulard mit Rahmsauce.

Man dünstet ein junges Huhn in Speckschnitten mit Fleischabfällen, etwas Suppe, Citronensaft und Schalen weiss und weich und gibt in den geseihten Saft so viel guten saueren Rahm, dass die Sauce dick wird.

Warme Hühner-Galantine.

Das rein geputzte Huhn wird nach der Länge des Rückens aufgeschnitten und ausgenommen. Nun schabt man das Fleisch vom Gerippe, wobei man trachten muss, die Haut nicht zu zerreissen. Dann wird Kalbfleisch und die Fleischreste vom Huhn fein geschnitten, mit halb so viel Beinmark oder Speck, Salz, feinen Kräutern und Citronenschalen gestossen und passirt, in die leere Haut gefüllt. Dann näht man am Rücken die Haut zu, bindet es in Speckplatten und bratet es, bis es schöne Farbe hat, schneidet es in zierliche Scheiben und servirt den Bratensaft dazu. Wenn kalt gegeben, verziert man es mit Aspik.

Fische und Fischspeisen.

Austern mit Citrone.

Die gewaschenen Austern werden aufgemacht, über eine Serviette auf die Schüssel gelegt, und eine in 4 Theile geschnittene Citrone dazu servirt.

Austernragout in Muscheln.

Die Austern werden ausgelöst, in Salzwasser gekocht und in Stücke geschnitten. Sodann bereitet man eine Sauce, indem 3 Esslöffel sauerer Rahm, 2 Dotter und etwas Citronensaft und eine Prise Salz so lange auf dem Feuer gerührt werden, bis sie dick ist. Ein nussgrosses Stück Butter am Schlusse einrühren, die geschnittenen Austern dazu geben und auf Muscheln serviren.

Blaugesottene Fische.

Dazu eignen sich vorzüglich Forellen, Lachse, Saiblinge, Hechte u. dgl. m., welche nur sehr kleine Schuppen haben. Man lässt sie bis zum Gebrauche im Wasser, denn zum Blausieden müssen sie erst abgeschlagen werden, wenn das Wasser schon kocht. Man tödtet die Forellen durch einen Schlag auf den Kopf, nimmt die Eingeweide nach dem Aufschneiden im Wasser heraus und legt die ausgewaschenen Fische in eine Fischwanne mit dem Rücken in die Höhe, bestreut die Haut etwas mit Salz, bedeckt sie mit einem in Wasser getauchtes Filterpapier und begiesst sie sofort mit heissem Sud. Anfangs deckt man das Geschirr zu, bis das Wasser wieder aufkocht, dann lässt man sie offen, bis die Augen heraustreten. Um das Sieden schnell zu unterbrechen, kann man etwas kaltes Wasser dazu geben. Kleine Fische, Forellen u. dgl. brauchen nur einige Minuten, grosse eine ½ Stunde zu kochen und ebenso lange abzustehen. Einen grösseren Fisch bindet man mit einem nassgemachten Tüllflecke auf den Einsatz der Fischwanne fest und gibt ihn damit hinein, giesst etwas Essig über den Fisch bis er blau geworden ist, worauf man ihn in Salzwasser kocht.

Fischblanquetten mit Blutsauce.

Das Blut wird beim Abstechen mit Citronensaft auf- gefangen, der Fisch, vorzüglich Karpfen, Schleihen u. dgl., ohne Auswaschen zu Stücken geschnitten, eingesalzen und eine Weile liegen gelassen. Dann gibt man Butter, Kapern, Sar- dellen, Lorbeerlaub und Citronenschalen in eine Casserolle, darauf die Fischstücke, bestreut sie mit Grahambrod-Bröseln, bedeckt es mit dem Blute, dünstet es und streicht die Sauce durch ein Sieb darüber.

Fischblanquetten mit Fricassee.

Das ausgelöste Fischfleisch wird in kleine Stückchen ge- schnitten, gesalzen und kurz vor dem Gebrauche in Butter gebraten, Die Abfälle kocht man mit Fleischbrühe aus, seiht sie durch, gibt 2 Esslöffel sauern Rahm, 2 Dotter und Citronen- saft dazu, rührt die Sauce dicklich und gibt sie über den Fisch.

Fischschnitzchen mit Fines herbes.

Man reibt Schnitzchen mit Salz ein, bratet sie mit Butter, fein geschnittener Petersilie, Kerbelkraut und Bertram und kocht dies dann mit etwas Suppe, Citronensaft und Glace auf,

Fischschnitzchen mit Citronensaft.

Aus einem Fische werden Schnitzchen geschnitten, die man salzt, dann eine Stunde liegen lässt und schliesslich in Butter und Petersilie bratet. Mit einer Citrone serviren.

Fischschnitzchen mit Ragout.

Stückchen von Fisch werden oval zugeschnitten, gesalzen, in eine mit Krebsbutter angestrichene Casserolle gelegt, mit Papier, welches mit Krebsbutter bestrichen ist, bedeckt und kurz vor dem Gebrauche gebraten, dann mit Krebsragout angerichtet.

Fischschnitzchen mit Rahm.

Schnitze von Schleihen, Fogosch, Hausen oder anderem Fisch bratet man in Butter ab, gibt saueren Rahm dazu, dann Citronensaft und Schalen, Kapern, Petersilie und Butter darüber und dünstet sie im Rohre auf.

Frische Sardellen.

Sardellen darf man nicht waschen, schneidet sie unter dem Kopfe ein und wischt sie, mit einem Papiere gegen den Kopf fahrend, ab, wobei man das Eingeweide ausdrückt. Man salzt sie dann, begiesst sie mit Oel und lässt sie eine Stunde stehen. Dann bratet man sie mit dem Oele und mit Citronensaft betropft und gibt beim Anrichten Citronenscheiben dazu.

Froschkeulen als Coteletten.

Man löst das Fleisch von den Keulen ab, salzt und klopft es und formirt davon Coteletten, die man in Ei und Grahambrod-Brösel dreht und in Butter bäckt. Man gibt sie mit Citronen oder auf Gemüse.

Froschkeulen als Ragout.

Man dünstet die Keulen mit Butter, Champignons und Petersilie, schneidet sie in Stücke, gibt 2 Esslöffel saueren Rahm, 2 Dotter, etwas Citronensaft, den Saft von dem Gedünsteten, sowie ein nussgrosses Stück Butter und etwas Salz dazu und lässt es aufkochen.

Gebackene Fische.

Karpfen und andere Fische schneidet man nach dem Ausnehmen, Schuppen und Waschen in 2—3 Finger breite Stücke und lässt sie eingesalzen eine Stunde liegen. Kleine Fische, Forellen und andere nimmt man aus, lässt sie aber ganz. Man dreht die eingesalzenen Fische in abgeschlagene Eier und Grahambrod-Brösel, bäckt sie in sehr heissem Schmalz und gibt Citronen oder Salat dazu.

Gebackene Froschkeulen.

Die gewaschenen Keulen lässt man eingesalzen eine Weile liegen, dann taucht man sie in abgeschlagene Eier, dreht sie in Grahambrod-Brösel und bäckt sie in heissem Schmalze. Man richtet sie über eine Serviette, mit gebackener Petersilie bestreut, auf und gibt Salat dazu, oder man verwendet sie als Belege von Gemüse.

Gebratene Fische.

Der Fisch wird ausgenommen, gewaschen, abgeschuppt oder abgezogen, sodann in Stücke geschnitten, eingesalzen und in's Wasser gelegt, dass man noch nachsalzt. Herausgenommen, wird er mit einem Tuche abgetrocknet, in zerlassene Butter, in die man geschnittene Petersilie gab, eingetaucht und in einer Pfanne gebraten. Während des Bratens wird der Fisch fleissig mit Butter begossen. Mit Citrone oder Salat serviren.

Gebratene Häringe.

Man zieht den Häringen die Haut ab, schneidet ihnen den Kopf und den halben Schweif weg, nimmt die Mittelgräte aus, wodurch jeder der Länge nach halbirt wird, legt sie wieder zusammen und ein paar Tage in Milch, dann einige Stunden auf ein Sieb und bratet sie mit Butter in einer Pfanne ab, oder mit frischer oder Kräuterbutter bestrichen, in Papier gedreht, auf dem Roste 5—10 Minuten.

Gefüllte Schnecken.

10 Schnecken werden gekocht, aus dem Gehäuse herausgenommen und davon 5 Stück mit dem Wiegmesser fein geschnitten. Sodann passire man 2 Sardellen, einen hartgekochten Eidotter, 1 Kaffeelöffel sauren Rahm, 1 rohes Eidotter, etwas Grahambrod-Brösel, ein nussgrosses Stück Butter, grüne Petersilie und etwas Salz, rühre Alles gut durcheinander und fülle es in die mit Butter ausgeschmierten Gehäuse. In einer Casserolle werden sie im Rohr gebraten. Während des Bratens betropft man sie mit saurem Rahm und gibt am Schlusse in jedes Gehäuse einen Schneck.

Geräucherte Fische.

Man legt den geräucherten Fisch in siedendes Wasser, bis er durch und durch heiss ist und sich die Haut abziehen lässt. Sodann gibt man in eine mit Butter ausgeschmierte Schüssel etwas saueren Rahm, dann die erweichten Fischstücke, darüber ebenfalls saueren Rahm, bestreut sie mit feingeschnittener Petersilie, gibt heisse Butter darauf und lässt sie im Rohre dünsten.

Geräucherte Fische mit Sardellen.

Nachdem man die Haut von den Fischstücken abgezogen hat, kocht man sie in Suppe auf und gibt Petersilie, Butter und etwas saueren Rahm, Sardellen, Citronensaft und Schalen dazu. Am Schlusse legirt man die Sauce mit 2 Dottern.

Gerollter Hecht.

Einen abgehäuteten Hecht dreht man rund zusammen, steckt den Schweif in das Maul, befestigt ihn mit einer Dressirnadel, legt ihn in eine flache Casserolle, gibt fein geschnittene Petersilie und Sardellenbutter darüber und begiesst ihn beim Braten mit Citronensaft und saurem Rahm.

Gesottene Fische mit Citrone und Oel.

Einen warm aus der Brühe genommenen Fisch gibt man mit dem Rücken in die Höhe auf die Schüssel, ziert ihn mit Petersilie und servirt dazu den Saft einer Citrone, mit etwas Oel und einer Prise Salz gemischt.

Gesottene Fische mit kalten Saucen.

Man garnirt einen warmen Fisch auch mit harten Eiern, Sardellen, Citronenscheiben u. s. w. und gibt eine kalte Eier-, Kräuter- oder Kapernsauce dazu.

Gesottene Krebse.

Die Krebse werden lebend gewaschen, dann in siedendem Salzwasser, in das man etwas Kümmel und Petersilie gibt, schnell gekocht, bis die Krebse hellroth werden. Dann gibt man sie in ein verdecktes Geschirr oder über eine Serviette auf die Schüssel.

Gesottene Meerfische.

Die Meerfische werden geschuppt, ausgenommen, eingesalzen und mit Salzwasser gekocht, bis die Augen heraustreten und das Fleisch sich leicht ablöst. Wenn warm servirt, gibt man Citrone oder eine Holländer-Sauce dazu.

Gespickter Fisch.

Einem schönen Stück Fisch zieht man die Haut ab und spickt es mit Speck, legt den Fisch in die mit Butter ausgestrichene Pfanne und bratet ihn langsam bei fleissigem Begiessen mit Butter und Fischsud. Man· garnirt ihn mit Kalbsbriesschen, Geflügelnocken, Krebsschweifchen, Karfiol u. s. w.

Heissabgesottene Froschkeulen.

Die rein gewaschenen Froschkeulen kocht man mit Wasser, Citronensaft und Salz, richtet sie mit dieser kurz eingekochten, geseihten Brühe an, bestreut sie mit einigen Grahambrod-Bröseln und Petersilie und schmalzt heisse Butter darüber.

Hummer mit Mayonnaise.

Der gekochte und in Stücke geschnittene Hummer wird auf eine mit Aspik ausgelegte Schüssel gegeben und mit Oliven, hart gekochten Eiern, Krebsschweifchen und zu Schnecken gedrehten Sardellen garnirt. Dazu wird Mayonnaise servirt, die man, wenn blassroth gewünscht, mit den fein gestossenen Eiern des Hummer vermischt.

In Aspik eingelegte Fische.

Man siedet die Fische (Forellen, Hecht, Schill etc.) blau und lässt sie im Sude erkalten. Dann giesst man flüssiges Aspik in eine ovale Form und legt, wenn sie gestockt ist, die Fischstücke eines neben dem andern, so zwar aber, dass keines den Rand der Form berührt, und füllt den Model auf mehrere Male mit dem Aspik voll. Wenn die Form gestürzt ist, kann man den Rand mit Krebsschweifchen, hartgekochten Eiern, Petersilie u. dgl. zierlich garniren.

Italienischer Fisch.

Man spickt ein grosses Stück eines beliebigen Fisches mit Speck, lässt es eine Stunde eingesalzen liegen, gibt es auf Petersilie, Kalbfleischabfälle, etwas Schinken und etwas Wasser und schöpft den Saft während des Bratens fleissig darüber.

Kalter Fisch à la Stanley.

Zu einem abgesottenen, kalten Fisch, den man mit Citronen- scheiben, Sardellen, gefüllten Eiern, Kapern oder Muscheln garniren kann, gibt man eine kalte Eier-, Kräuter-, Kapern- oder Sardellensauce dazu.

Kalter Fisch mit Mayonnaise.

Ueber einen zu Stücken geschnittenen, abgesottenen Süss- wasser- oder Meerfisch gibt man, wenn er kalt auf die Schüssel gelegt ist, eine wie folgt bereitete Mayonnaise: Man gibt ein Stückchen Butter in ein Geschirr, welches man in siedendes Wasser stellt, bis die Butter weich geworden ist, worauf man sie rührt und 2 hartgesottene, passirte und einen rohen Dotter dazu gibt, und wenn es schon zart und flaumig ist, Oel, etwas Citronensaft tropfenweise, Salz und einige passirte Sardellen und fein geschnittene Kapern. Man lässt den damit über- gossenen Fisch an einem kalten Orte stehen.

Kalter Fisch mit gesulzter Mayonnaise.

Man taucht die Stücke eines abgesottenen Fisches mit einer Gabel in gut gerührte Mayonnaise und lässt sie, einzeln gelegt, über Eis sulzen. Dann richtet man sie in einer Schüssel auf und ziert sie mit Aspik.

Kalter Fisch in Muscheln.

In kleine Würfel geschnittenes, gebratenes Fischfleisch marinirt man mit Citronensaft und Oel, gibt es in Muscheln, häuft Mayonnaise darüber und ziert diese mit Aspik.

Kaltes Krebsfleisch in Muscheln.

Man kann sowohl von Fluss- als Meerkrebse eine Sauce oder Mayonnaise mit den gestossenen Eiern, wie bei dem

Hummer angegeben, bereiten und würfeliges Krebsfleisch darunter mischen, es in Muscheln füllen und mit Aspik, Krebsfleisch, Sardellen und gehackten Dottern zieren.

Kalte Schnecken mit Citrone.

Man schneidet die gesottenen, geputzten Schnecken nudelig, Sardellen und hartgekochte Eier fein zusammen und macht dies mit Citrone und Oel ab.

Kleine Formen mit Ragout.

Man legt die ausgeschmierten, kleinen Blechformen mit Krebsschweifchen aus, füllt gleichmässig Fischfarce hinein, gibt in die Mitte Ragout, deckt sie mit Farce und siedet sie in Dunst. Nach dem Stürzen bestreicht man sie mit Krebsbutter.

Krebse mit Rahm.

Man löst grosse Krebse noch heiss aus den Schalen, lässt zugleich einige Grahambrod-Brösel und Petersilie in heisser Butter anlaufen, kocht es mit sauerem Rahm, etwas Citronensaft und Salz auf und gibt es heiss über das Krebsfleisch.

Meerspinnen.

Sie werden so lange in Salzwasser gekocht, bis sie roth sind, dann reisst man die Füsse aus, löst von den oberen Gliedern das Fleisch aus und schneidet kleine Stücke. Vom Leibe nimmt man Alles aus der Schale, gibt den Saft, das Gelbe und das gute Fleisch zum Andern und wirft nur die Eier, das Haarige und Schwarze weg. Das Fleisch wird in die Schale der Spinne gefüllt, mit Salz, dann mit Petersilie und Grahambrod-Brösel bestreut, gibt Citronensaft und Butter darauf, dass es saftig wird, und lässt es im Rohre 5 Minuten kochen, wozu man die Schalen auf das Blech oder den Rost legt. Man servirt sie, wie anderes Ragout, in den Schalen.

Muscheln mit kalter Sardellenfülle.

Man macht weisse Mayonnaise mit Sardellen, mischt fein gehackte Kapern, Krebsfleisch mit Sardellen würfelig geschnitten dazu, füllt es in die Muscheln und ziert es mit Krebsschweifchen, Sardellen, Kapern und gehackten Dottern.

Salz-Sardellen.

Die Sardellen werden gut gewaschen, damit alles Salz wegkommt, abgewischt, entgrätet, mit etwas Kräutersauce oder Citronensaft und Oel übergossen und mit harten Eiern garnirt.

Schnecken.

Man wäscht sie und kocht sie ungefähr 1 Stunde lang in Salzwasser, bis man sie mit einer Spicknadel leicht heraus- ziehen kann. Wenn man sie aus dem Gehäuse gezogen, schneidet man den Kopf, den Schweif und die Steine weg und servirt sie mit Citronenscheiben.

Warmes Krebsfleisch in Muscheln.

Man bereitet Krebshachis, füllt davon die Muscheln (oder die Leibschalen der Krebse) voll, gibt Grahambrod-Brösel und Krebsbutter darüber, etwas Petersilie dazu, und stellt sie ein paar Minuten in das Rohr.

Eierspeisen.

Eierkuchen.

Man sprudelt ein ¼ Liter saueren Rahm mit 3 Dottern, Salz und 1 Kaffeelöffel Grahambrod-Brösel ab, mischt den Schnee der 3 Klar dazu, bäckt es in einer Omelettepfanne und gibt es zu Spinat oder Kohlsprossen, oder man bäckt sehr kleine fingerdicke Kuchen in Tortelettenformen und servirt Caviar auf einem andern Teller dazu.

Eier in Schmalz.

Man sprudelt 3 Eier, salzt sie, und gibt sie in 6 Dg. heisses Rindschmalz in einem flachen Tiegel, hebt das am Boden Angelegte mit einer Gabel auf, bis das Ganze gekocht, aber noch ziemlich weich ist, gibt es auf einen Teller und bestreut es mit Schnittlauch. Man servirt Schinken dazu, oder gibt es auf Spinat.

Eierspeise in Muscheln.

4 Dg. geräucherten Lachs, würfelig geschnitten, dünstet man mit Butter, dann gibt man etwas Glace dazu, sprudelt 2 Eier, 1 Dotter, etwas Milch und Salz dazu, und rührt es in 3 Dg. heisser Butter wie Eingerührtes, und wenn es dicklich wird, gibt man das Geschnittene dazu. Man häuft es in den Muscheln auf und servirt sie schnell.

Eingerührtes mit Champignons und Briess.

Man sprudelt die Eier mit Salz und fein geschnittener Petersilie ab, gibt gedünstete Champignons und gekochtes würfelig geschnittenes Briess ausgekühlt dazu und giesst es in eine heisse Butter.

Eingerührtes mit Hachis.

Gebratenes Kalbfleisch, nudelig geschnitten, dünstet man mit Bratensaft und sauerem Rahme auf und mischt etwas geriebenen Parmesankäse dazu. Zugleich macht man Eingerührtes von 2 Eiern mit Salz, bäckt es, bestreut es mit Käse, streicht das Hachis gleichmässig darauf und gibt es auf einen Teller.

Eingerührtes mit Krebse und Spargel.

Man mischt gesottenen, würfelig geschnittenen Spargel und Krebsfleisch zu den gesalzenen Eiern und giesst sie in heisse Krebsbutter.

Eingerührtes mit Sardellen.

3 Eier mit 1 Kaffeelöffel sauren Rahm, Salz und fein oder länglich geschnittenen Sardellen abgesprudelt, giesst man in 6 Dg. heisses Rindschmalz und lässt es ohne Aufrühren auf der unteren Seite bräunlich werden. Oben noch weich, stürzt man es auf die Schüssel und servirt es sogleich.

Eingerührtes mit Schinken.

Man sprudelt 3 Eier mit Salz, Schnittlauch und fein geschnittenem Schinkenfleische ab, gibt sie in das heisse Fett, rührt sie mit einer Gabel auf, bis das Ganze dicklich, aber noch weich ist und richtet es sogleich an.

Französischer Eierkuchen.

Zu Schnee von 3 Klar rührt man die 3 Dotter, 1 Löffel sauren Rahm, etwas Salz und Petersilie. In der Pfanne lässt man Butter heiss werden, schüttet die Eier hinein, rüttelt die

Pfanne und mischt das Stockende unter die flüssigen Eier; wenn nichts mehr flüssig ist, gibt man noch klare Butter unter die Omelette und lässt sie unten jäh braun werden, damit das Innere noch weich und crêmeartig bleibt. Man stürzt sie schnell auf einen Teller, biegt den Rand mit einem Messer etwas ein und gibt Spinat oder gedünstete Schwämme dazu.

Gefüllte Eier mit Ragout.

3 hartgesottene Eier schneidet man der Länge nach in Stücke und nimmt die Dotter heraus; dafür füllt man festes Ragout von Fisch oder Briess, Champignons und Zunge ein. Dann treibt man Butter mit frischen Dottern ab, rührt die hart gesottenen, zerdrückten Dotter nebst sauerem Rahm und Petersilie dazu, gibt es in eine mit Butter ausgeschmierte Schüssel, legt die gefüllten Eier hinein und bäckt sie.

Gefüllte Eier mit Sardellen.

Von 3 hartgekochten Eiern, nach dem Auskühlen der Länge nach getheilt, passirt man die Dotter zu einem Abtrieb von 2 Dg. Butter, 1 Ei und 1 Dotter, gibt würfelig geschnittene Sardellen und Salz dazu, füllt damit die Eier gehäuft an, beträufelt sie mit Butter und streut einige Grahambrod-Brösel darüber. Den Rest mischt man mit sauerem Rahm, legt die gefülten Eier in die Schüssel darauf und bäckt sie.

Gesetzte Eier.

In eine mit Butter ausgeschmierte Schüssel gibt man ein 1/4 Liter saueren Rahm, schlägt 3 Eier hinein, belegt diese mit nudelig geschnittenen Sardellen, gibt ein Stückchen Butter darauf und stellt sie in das Rohr, bis sie halb fest sind, worauf man sie servirt.

Gestürzte Eier.

Kleine halbrunde Formen streicht man mit Butter aus, bestreut sie mit Grahambrod-Bröseln, gibt in jede ein frisches Ei und etwas Salz und stellt sie auf den warmen Herd, bis das Klar fest geworden. Dann stürzt man sie sogleich auf Gemüse, Schwämme, Hachis oder Ragout.

Gestürzte Eierspeise.

Man treibt 2 Löffel Krebsbutter mit 3 Dottern, 2 Löffel sauren Rahm und etwas Grahambrod-Brösel ab, gibt die 3 Klar als Schnee und würfeliges Krebsfleisch dazu und bäckt es in einem mit Krebsbutter ausgeschmierten Model.

Geschnittene Eier.

In Butter lässt man Petersilie und Grahambrod-Brösel anlaufen, dann verrührt man es mit sauerem Rahm und Salz, lässt es aufdünsten, mischt zu Scheiben geschnittene, hartgesottene Eier dazu und richtet es gleich an.

Mehlspeisen.

Abgeschmalzene Knödel.

Man macht von 2 Eiern Frittaten, schneidet dieselben mit dem Wiegmesser sehr fein und gibt fein gehackten Schinken, würfelig geschnittenen Speck, den man zuvor etwas anlaufen liess, ein rohes Ei und etwas Salz dazu. Die Masse formt man in zwei Knödel, gibt sie sonach in ein mit Butter beschmiertes Stück Leinen, bindet es zu und kocht sie in Salzwasser circa eine ¼ Stunde. Die Knödel reisst man dann mit 2 Gabeln mitten auseinander, legt sie auf der Schüssel übereinander und schmalzt heisse Butter mit etwas Grahambrod-Bröseln darüber.

Apfelkoch.

4 Dg. Butter fein abtreiben, nach und nach 3 rohe und 2 hartgekochte Dotter einrühren, 5 Dg. gestossene Mandeln, fein geschnittene Citronenschalen, 1—2 gekochte passirte Reinette-Aepfel, einen Kaffeelöffel Grahambrod-Bröseln, von 3 Klar den festen Schnee in eine ausgeschmierte Schüssel einfüllen und in der Röhre backen.

Apfelstrudel.

10 Dg. geriebene Mandeln, 6 Dg. passirten Topfen, 2 hartgekochte passirte Eidotter, fein geschnittene Citronenschalen, 5 Dg. Butter werden auf dem Nudelbrett mit einem rohen Dotter zu einem Teig ausgearbeitet und mit

Sacharin gesüsst. Nachdem man den Teig hat eine Weile rasten lassen, gibt man ihn auf ein Blech, walkt ihn auf d i e s e m stark messerrückendick zu einem länglichen Streifen aus, belegt ihn mit feinblätterig geschnittenen Reinette-Aepfeln und stiftlig geschnittenen Mandeln; an beiden Längsseiten biegt man mit Hilfe des Messers den Teig ein bischen auf, bestreicht ihn mit Ei und bäckt den Strudel bei mittelmässiger Hitze.

Cabinets-Pudding.

Chaudeau von 3 Dotter rührt man, ausgekühlt, mit 2 Dotter, mischt Schnee von den 2 Klar leicht dazu, etwas Sacharin, einige stiftlig geschnittene Mandeln und Pistazien zum Schluss leicht einrühren; in einer mit Butter ausgeschmierten Schüssel in der Röhre backen.

Caprizen.

3 Eier werden mit einem Löffel saueren Rahm und Sacharin gesprudelt. Hievon macht man Frittaten und bäckt dieselben in Schmalz, bis sie gelb sind. In eine mit Butter beschmierte Form einlegen, u. zw. derart, dass immer eine Lage Frittaten, eine Lage Obst (Reinette-Aepfel, Pflaumen oder Ribisel) kommt. Ein 1/4 Liter saueren Rahm mit einem Eidotter und einem ganzen Ei, etwas Sacharin, absprudeln, darüber giessen und in der Röhre backen lassen. Bei Verwendung von Aepfeln werden dieselben in Scheiben geschnitten und in Schmalz gebacken.

Chaudeau.

1 ganzes Ei und 2 Dotter mit Sacharin gesüsst, mit circa ein 1/4 Liter Wasser und dem Safte einer halben Citrone verdünnt, etwas Citronenschale, im Wasserbade so lange rühren, bis die Masse dicklich wird, wobei zu achten ist, dass dieselbe nicht kochen darf.

Citronen-Soufflé.

6 rohe Eidotter mit etwas Sacharin und fein geschnittenen Citronenschalen sehr flaumig rühren, dann von einer halben Citrone den Saft und von den 6 Klar den festen Schnee leicht einrühren. Diese Masse in eine gut mit Butter ausgestrichene Porzellanschüssel einfüllen, 15—20 Minuten in mittelmässiger Hitze backen und gleich zu Tisch geben.

Eiernocken.

Nocken, wie für die Suppe bereitet, werden, wenn sie in Dunst gekocht sind, herausgestochen, in heisses Schmalz gegeben und schön braun geröstet. Man kann dieselben zu verschiedenen Fleischspeisen als Beigabe serviren.

Frittaten-Nudeln mit Parmesan.

3—4 ganze Eier mit etwas Salz absprudeln, in eine Omelettenpfanne, in der heisse Butter ist, dünn eingiessen, wenn es oben und unten ein Häutchen hat, auf ein Brett geben, Nudeln schneiden, mit Parmesan bestreuen und serviren.

Gebackene Mandelcrême.

Im Wasserbad sprudelt man 4 ganze Eier, mit Sacharin gesüsst, bis sie dick sind, dann vom Feuer wegstellen und 8 Dg. gehackte Mandeln dazu geben. Die Hälfte dieses Teiges in eine mit Butter ausgeschmierte Schüssel einfüllen, gedünstete Reinette-Aepfel darauf legen, die zweite Hälfte von der Crême darauf geben und in der Röhre backen.

Gebackene Omeletten.

Von 3 Eiern, einem 1/2 Esslöffel saueren Rahm, etwas Sacharin Frittaten machen. Dieselben füllt man, indem man sie zuvor mit einem abgesprudelten Ei bestreicht, entweder mit Marmelade oder frischem Obst (Pflaumen, Reinette-Aepfel, Ribisel, Pfirsich) oder auch Topfen, rollt sie zusammen, schneidet kleine Stücke, taucht sie in Ei, schlägt sie in Grahambrod-Brösel ein und bäckt sie in Schmalz gelb.

Gebackene Topfennudeln.

Man bereitet Frittaten und schneidet dieselben zu Nudeln; einen Theil davon gibt man in eine ausgeschmierte Schüssel, dann geriebenen Topfen und einige Speckgrammeln darauf, dann wieder Nudeln und so fortfahren, bis die Schüssel ziemlich voll ist; dann sprudelt man einige Esslöffel Rahm mit 2 Dotter und etwas Salz, schüttet es darüber und bäckt es in der Röhre.

Gelber Pudding.

Man treibt 6 Dg. Butter mit 3 Dottern sehr flaumig ab, gibt Saft und Schale von einer ¼ Citrone dazu, 6 Dg. fein gestossene Mandeln, 1 Kaffeelöffel Grahambrod-Brösel, den festen Schnee von 3 Klar und mit Sacharin süssen; zum Schluss einige Ribiseln oder Erdbeeren hineingeben, in Dunst sieden und den Pudding, nachdem er gestürzt ist, mit Chaudeau serviren.

Haselnuss-Pudding.

6 Dg. fein geriebene Haselnüsse werden mit 3 Eidottern sehr schaumig gerührt, fein geschnittene Citronenschalen, von 3 Klar der feste Schnee und etwas Sacharin leicht beigemischt. Diese Masse wird in eine mit Butter ausgeschmierte Form eingefüllt und 20 Minuten in Dunst gekocht, stürzen und mit Fruchtsaft serviren.

Helgoländer Schnitten.

4 Eiweiss werden zu steifem Schnee geschlagen, dann kommen 4 Eidotter, 10 Dg. fein geriebene Mandeln und etwas Sacharin dazu. Diesen Teig auf ein mit Butter beschmiertes Blech aufstreichen, in mittelmässiger Hitze backen; mit einem Messer ablösen und die Hälfte davon mit Obst bestreichen, die andere Hälfte darauf geben, in viereckige Stückchen schneiden und mit Chaudeau serviren.

Kaiserschmarrn.

3 Dotter mit 1 Stück Butter fein abtreiben, den Schnee von 3 Klar leicht durchziehen und einen ½ Esslöffel Grahambrod-Brösel sowie etwas Citronenschalen dazu geben. Mit Sacharin süssen. Diesen Teig in eine Pfanne giessen, wo heisse Butter ist, in der Röhre backen und dann in Stücke schneiden.

Krebswürstchen.

Zu einem Abtriebe von 6 Dg. Krebsbutter und 2 Eiern mischt man 1 Löffel sauren Rahm, grüne Petersilie, Eingerührtes von 2 Eiern (siehe Eierspeisen) klein gehackt, fein geschnittenes Fisch- und Krebsfleisch, Salz und streicht es auf dünne Frittaten von 1 Ei gemacht, die man kleiner zerschneidet

und Würstchen davon formirt. In die mit Krebsbutter ausgeschmierte Schüssel gibt man ein paar Esslöffel saueren Rahm,
darauf die Würstchen und wieder Rahm und Krebsbutter und
lässt den Rahm im Rohre eindünsten, worauf man sie als
Garnirung einzeln herausnimmt.

Mandel-Croquettes.

4 Dg. Mandeln werden fein gestossen, dann mit 3 Dottern
und 1 Kaffeelöffel Grahambrod-Brösel fein abgetrieben; etwas
geschnittene Citronenschale und den Schnee von 2 Klar leicht
beimischen, mit Sacharin süssen; diese Masse in einem Tiegel
in Dunst sieden, dann schöne mittelgrosse Nocken herausstechen, in heissem Schmalz backen und mit Compot serviren.

Mandelpudding.

4 Dg. Mandeln werden fein gestossen, mit 3 Eidottern
abgetrieben und von 3 Klar der feste Schnee leicht eingerührt,
mit Sacharin gesüsst; diese Masse in eine mit Butter ausgeschmierte Form einfüllen und 20 Minuten in Dunst kochen,
stürzen und mit Chaudeau oder mit Fruchtsaft serviren.

Mandelbiscuit mit Chaudeau.

3 Eiweiss werden zu sehr festem Schnee geschlagen;
dann die 3 Dotter verrühren, 10 Dg. gestossene Mandeln und
fein geschnittene Citronenschalen leicht einrühren, mit
Sacharin süssen. Diesen Teig auf ein mit Butter bestrichenes
Blech fingerdick aufstreichen, in mittelmässiger Hitze backen,
dann mit einem Messer ablösen, in zierliche Stückchen
schneiden, auf einer Schüssel bergartig anrichten und Chaudeau
darüber giessen.

Mohnstrudel.

10 Dg. Butter sehr flaumig rühren, nach und nach 3 rohe
und 2 hartgekochte passirte Dotter dazu, 6 Dg. gestossene
Mandeln, fein geschnittene Citronenschalen und von 3 Klar
den festen Schnee; mit Sacharin süssen. Diesen Teig auf ein
mit Butter bestrichenes Blech aufstreichen, in mittelmässiger
Hitze backen, dann ablösen und, so lange es noch warm ist,
mit Mohnfülle bestreichen, zusammenrollen, in Stücke schneiden
und warm serviren.

Mohnnudeln.

4 Eier mit einem Stück Butter fein abtreiben, mit Sacharin
süssen, den Schnee von 4 Klar durchziehen, auf einer Omelettenpfanne, auf der Butter heiss gemacht wurde, schnell
backen, und dann nudelig schneiden. Mit gestossenem Mohn
bestreuen und heisse Butter darüber giessen.

Napoleonkoch.

4 Dotter mit 4 Esslöffel gutem saueren Rahm absprudeln,
1 Kaffeelöffel Grahambrod-Brösel, 5 Dg. stiftlig geschnittene
Mandeln einrühren, mit Sacharin süssen und zum Schluss
von 4 Klar den festen Schnee; diesen Teig in einer mit
Butter ausgeschmierten Schüssel in der Röhre backen und
mit Compot serviren.

Nudeln mit Fleisch.

Gebratenes Kalbfleisch schneidet man fein und dünstet
es mit in Butter angelaufener Petersilie ab. Man streicht eine
Form mit Butter aus, legt eine Schichte Nudeln (aus Frittaten
gemacht), eine Schichte Kalbfleisch ein und fährt so fort, bis
die Form ganz voll ist; bis zum Gebrauche stellt man die
Form in heisses Wasser oder in das Rohr, worauf man sie
stürzt.

Nudelkranz.

Frittaten-Nudeln gibt man in heisse Butter mit angelaufener Petersilie, und wenn sie eine Weile abgedünstet sind,
eine Hand voll geriebenen Parmesankäse dazu. Man macht
davon auf der Schüssel einen Kranz, bestreicht ihn mit ab-
gesprudeltem Ei, streut Käse darüber und stellt ihn so lange
in das Rohr, bis er eine gelbe Farbe bekommt.

Nusspudding.

Wird bereitet wie Mandel- oder Haselnuss-Pudding.

Omeletten mit gerührtem Mandelteig.

Man bäckt dünne Frittaten von abgeschlagenen Eiern,
dann werden 7 Dg. gestossene Mandeln mit 3 Dotter recht
flaumig gerührt, von einer halben Citrone die fein geschnittenen
Schalen und mit Sacharin süssen; mit diesem Teig die Frittaten

füllen, in fingerlange Stückchen schneiden und in eine mit Butter ausgeschmierte Schüssel legen; dann 2 Dotter mit etwas saurem Rahm und Sacharin absprudeln, darüber giessen und in der Röhre backen lassen.

Pfannkuchen mit Topfen.

Man lässt Petersilie in Butter anlaufen und gibt geriebenen Topfen dazu; dann sprudelt man sauren Rahm mit 3 Dottern ab und schneidet die Pfannkuchen so gross, dass sie gerade in die Form passen. Auf jeden hineingelegten Flecken gibt man Topfen, darauf Rahm, siedet es in Dunst, worauf man es stürzt, zu Stücken schneidet und mit Butter abschmalzt.

Pfirsichkuchen.

Man schlägt 3 Eiweiss zu sehr festem Schnee, die 3 Dotter dazu rühren, 10 Dg. geriebene Mandeln, 5--6 Esslöffel guten sauren Rahm und fein geschnittene Citronenschalen leicht beimischen, mit Sacharin süssen. Diesen Teig in einer mit Butter ausgeschmierten Tortenform backen, und wenn der Kuchen ausgekühlt ist, oben mit Pfirsichgelée bestreichen. Man kann ihn mit kleinem, viereckig geschnittenen Mandel-Biscuit verzieren.

Quittenkoch.

Wird bereitet wie das Aepfelkoch, nur werden an Stelle der Reinette-Aepfel Quitten-Aepfel verwendet.

Rahmdalkerln.

Ein nussgrosses Stück Butter mit 3 Dottern fein ver-rühren, und den festen Schnee von den 3 Klar dazu geben; mit Sacharin süssen. In der Dalkerlnpfanne Dalkerln schnell backen und, mit Marmelade gefüllt, zwei und zwei zusammen-setzen.

Rahmnocken.

Guten sauren Rahm mit 2—3 Eiern und etwas Salz ab-sprudeln, in Dunst kochen, dann schöne Nocken heraus-stechen, mit Butter abschmalzen und ein bischen geriebenen Parmesankäse darüber streuen.

Rahm-Omelette.

4 Dotter mit 2 Esslöffel guten saueren Rahm fein abtreiben und den festen Schnee von 4 Klar dazu geben; mit Sacharin süssen. In einer Omelettenpfanne Butter heiss werden lassen, die Masse eingiessen, schön lichtgelb backen, mit Marmelade füllen und übereinander legen.

Salzburger Nocken mit Crême.

Man sprudelt 3 Dotter mit 4 Dg. zerlassener Butter und 1 Esslöffel Grahambrod-Brösel gut ab, mit Sacharin süssen und den festen Schnee von 3 Klar dazu mischen. Diesen Teig in einen Becher füllen, eine 1/2 Stunde im Dunst sieden; dann zierliche Nocken herausstechen, auf eine Schüssel geben und mit Crême übergiessen. Crême: 3 ganze Eier am Feuer so lang rühren, bis sie dick sind, mit Sacharin süssen und mit 2—3 Esslöffel saueren Rahm verdünnen.

Schinkenfleckerln.

Man schneidet Schinken ziemlich fein, mischt ihn zu Fleckerln, die man aus Frittaten schneidet. Dann sprudelt man 2 Dotter, 1 ganzes Ei, 3—5 Esslöffel saueren Rahm und etwas Salz zusammen ab, rührt es unter die Fleckerln und bäckt sie in einer mit Butter ausgeschmierten Schüssel.

Schinkenstrudel.

Eine grosse Eier-Omelette bereiten; dann 4 Dg. Butter fein abtreiben, 2 Dotter nach und nach einrühren, etwas fein geschnittene Petersilie, Salz, 2 Löffel saueren Rahm, von 2 Klar den festen Schnee und 6 Dg. fein geschnittenen Schinken hineingeben. Mit dieser Fülle die Eier-Omelette bestreichen, zusammenrollen und beiläufig 8—10 Minuten in der Röhre backen lassen.

Tirolerschmarrn.

6 Dg. Butter mit 4 Dotter und 4 Esslöffel saueren Rahm abtreiben, 1 Dg. geriebenen Parmesankäse, den Schnee der 4 Klar, einen Kaffeelöffel Grahambrod-Brösel und 25 Dg. fein geschnittenen Schinken dazu. Diesen Teig in eine Pfanne giessen und wie anderen Schmarrn backen. Man kann, wenn er schon halb ausgebacken und in Stücke zerstochen ist, noch einige Löffel Rahm hineingiessen, damit er recht saftig ist.

Topfenauflauf.

10 Dg. Butter mit 6 Dotter fein abtreiben, 5 Dg. passirten Topfen und 5 Dg. fein gestossene Mandeln, den Schnee von 4 Klar dazu und mit Sacharin süssen. Diesen Teig in eine mit Butter ausgeschmierte Schüssel einfüllen und in der Röhre backen.

Topfenknödel.

Es wird eine Frittate von einem Ei gemacht und dieselbe mit dem Wiegmesser geschnitten. Dazu gibt man ungefähr 15 Dg. gut ausgepressten Topfen und einen ½ Kaffeelöffel Grahambrod-Brösel. Mit der Hand Knödel formiren, in siedendes Salzwasser einlegen, einige Minuten kochen lassen, herausnehmen, auf die Schüssel legen und heisse Butter mit Brösel darüber schütten.

Topfennudeln.

Ungefähr 15 Dg. gut ausgepresster Topfen, 2 hartgekochte Dotter, ein ganzes Ei und ein Kaffeelöffel Grahambrod-Brösel werden gut abgetrieben und mit Sacharin gesüsst. Die Masse wird in kleinen Portionen mit einem Löffel auf ein mit Butter beschmiertes Casserolle gegeben und gebacken. Dazu Crême, Chaudeau oder Fruchtsaft serviren.

Topfenschmarrn.

Geriebenen Topfen verrührt man mit 4 Dottern und soviel saurem Rahm, dass es saftig wird, gibt etwas Grahambrod-Brösel und den Schnee von den 4 Klar dazu, süsst es mit Sacharin und bäckt den Teig in heisser Butter wie jeden andern Schmarrn.

Zweckerln mit Rahm.

Man gibt geschnittene Fleckerln aus Frittaten zu angelaufener Petersilie, mischt einige Esslöffel saueren Rahm dazu, dünstet sie ein wenig auf und richtet sie noch saftig an.

Zweckerln mit Topfen.

Aus Frittaten werden Zweckerln geschnitten, über die man vor dem Serviren geriebenen Topfen und braun angelaufene Speckwürfel gibt.

Torten, Kuchen, Bäckerei.

Apfelkuchen.

Einen Teig bereiten wie zur Linzer Torte; wenn der Kuchen gebacken ist, oben mit feinem Apfelgelée bestreichen und mit stiftelig geschnittenen Mandeln bestreuen.

Apfelschaum-Torte.

3 hart gekochte, passirte, sowie 3 rohe Eierdotter, mit Sacharin gesüsst, gebe man zu 10 Dg. schäumig abgetriebener Butter und rühre die Masse noch eine Weile durch, gebe dann 6 Dg. fein gestossene Mandeln dazu und fülle das Ganze in eine mit Butter ausgestrichene Tortenform. In der Röhre eine $1/2 - 3/4$ Stunden bei mässiger Hitze backen lassen, nach Abkühlung von dem Reifen entfernen und mit Apfelschaum bestreichen.

Apfelschaum: Zu dem fest geschlagenen Schnee von 2 Eiweiss gibt man einen gebratenen und passirten Reinette- oder Quittenapfel und etwas Sacharin.

Brodtorte.

3 Dg. Grahambrod-Brösel mit etwas Citronensaft feuchten; 3 Dg. ungeschälte geriebene Mandeln dazu mischen; dieses mit 6 Dotter $3/4$ Stunden sehr flaumig rühren, mit Sacharin süssen, von 6 Klar den festen Schnee dazu; diese Masse in eine gut mit Butter ausgeschmierte Tortenform einfüllen und in der Röhre backen; wenn sie ausgekühlt ist, in der Mitte durchschneiden und mit Pfirsichgelée füllen.

Butterbrod.

5 Dg. Butter, 5 Dg. mit den Schalen geriebene Mandeln, fein geschnittene Citronenschalen, etwas Grahambrod-Brösel. 2 passirte hart gekochte Eier und etwas Sacharin wird auf dem Brett zu einem Teig abgearbeitet. Dann walkt man denselben stark messerrückendick aus, formt Butterbrödchen davon, legt sie auf ein Blech und bäckt sie bei mittelmässiger Hitze. Wenn sie vollständig ausgekühlt sind, bestreicht man sie mit Folgendem: Gute frische Butter rührt man recht flaumig, gibt 2—3 Dotter dazu und etwas Sacharin; zum Schluss bestreut man die Butterbrode noch mit fein geschnittenen Pistazien.

Corneliuskuchen.

10 Dg. Butter fein abtreiben, nach und nach 3 rohe und 2 passirte harte Dotter einrühren, 8 Dg. geschwellte Mandeln, einen Theil davon stossen, den andern stiftelig schneiden, fein geschnittene Citronenschalen, von 3 Klar den festen Schnee und mit Sacharin süssen; diesen Teig in eine mit Butter ausgeschmierte Tortenform einfüllen und dann schöne, reife Corneliuskirschen (Dirndeln) nach Augenmass hineinstecken, in guter Hitze backen und kalt serviren.

Dobos-Torte.

10 Dg. Butter flaumig abtreiben, 3 rohe und 2 hartgekochte Dotter nach und nach einrühren, 6 Dg. fein gestossene Mandeln und von 3 Klar den festen Schnee, mit Sacharin süssen. Diesen Teig auf ein mit Butter beschmiertes Blech aufstreichen und in der Röhre in 3 Blättern backen. Sodann bereitet man folgende Crême: 3 ganze Eier werden am Feuer in einem Topf heissen Wassers so lange gesprudelt, bis sie dick sind, mit Sacharin gesüsst und ein kleines Stückchen von zuckerfreier, erweichter Cacaomasse dazu gerührt; wenn die Crême ausgekühlt ist, wird Butter abgetrieben, die Crême hineingerührt und mit dieser die Torte gefüllt.

Frühlingskrapferln.

5 Klar zu sehr festem Schnee schlagen, die 5 Dotter einrühren, 15 Dg. gestossene Mandeln und fein geschnittene Citronenschalen leicht dazu mischen, mit Sacharin süssen. Einen Theil dieser Masse auf ein mit Butter beschmiertes

Blech aufstreichen, den anderen in eine Düte füllen und damit auf dem gleichen Bleche hohe, gespitzte Krapferln aufdressiren. Die letzteren mit feingeschnittenen Pistazien dicht bestreuen und das Ganze in mittelmässiger Hitze backen. Aus dem ersten Theil runde Krapferln ausstechen, die mit Pistazien bestreuten Krapferln mit einem spitzen Messer vorsichtig aushöhlen, mit Pflaumen-Marmelade füllen und die ausgestochenen Krapferln als Böden verwenden.

Haselnusskrapferln.

10 Dg. geriebene Haselnüsse, 2 hartgekochte passirte Eidotter, 5 Dg. abgeriebene Butter, zu der man 2 rohe Eidotter verrührt hat, werden nebst fein geschnittenen Citronenschalen und mit Sacharin gesüsst, auf dem Brett zu einem Teig abgearbeitet; man macht kleine Kugerln, legt sie auf ein Blech, drückt leicht mit dem Finger in der Mitte hinein, dass ein kleines Loch entsteht, bestreicht sie mit Ei und füllt sie nach dem Backen mit Eingesottenem.

Haselnussschnitten.

3 Klar zu festen Schnee schlagen, 3 Dotter, 12 Dg. geriebene Haselnüsse, etwas Grahambrod-Brösel dazu geben und mit Sacharin süssen. Auf ein beschmiertes Blech aufstreichen, bei mittelmässiger Hitze backen. Dann ablösen, in 2 Theile schneiden, mit Aepfel- oder Pfirsichgelée füllen, übereinandersetzen, und in zierliche Schnitten schneiden.

Heidelbeerkuchen.

Im Hause selbst zubereiteter fester Topfen wird mit 2 hartgekochten und passirten Dottern, 3 rohen Dottern und einem eigrossen Stück Butter unter Beigabe von Sacharin und etwas fein geschnittenen Citronenschalen gut abgetrieben. Die Masse wird auf eine Pfanne aufgestrichen, oben mit frischen Heidelbeeren belegt und in der Röhre gebacken.

Husarenkrapferln.

7 Dg. Butter fein abtreiben, 6 Dotter nach und nach dazu, 7 Dg. geriebene Mandeln, fein geschnittene Citronenschalen und von 3 Klar den festen Schnee leicht einrühren, mit Sacharin süssen. Diesen Teig auf ein mit Butter bestrichenes Blech aufstreichen, in mittelmässiger Hitze backen. Dann Krapferln ausstechen und in der Mitte zierlich mit Marmelade füllen.

Kaffeecrême-Torte.

3 Eiweiss zu festen Schnee schlagen, dann die 3 Dotter dazu rühren; beiläufig 10 Dg. geriebene Mandeln, 10 gestossene, fein durchgesiebte Kaffeebohnen, mit Sacharin süssen, und in einer ausgeschmierten Tortenform backen. Wenn die Torte kalt geworden ist, schneidet man sie in der Mitte durch und füllt sie mit Kaffeecrême, die man auch oben auf die Torte streicht.

Kaffeecrême: Ziemlich viel recht gute Butter fein abtreiben, 2 rohe Dotter dazu rühren, und wieder 10 gestossene Kaffeebohnen, und mit Sacharin süssen.

Kaffeecrême-Krapferln.

4 Klar zu sehr festem Schnee schlagen, die 4 Dotter leicht einrühren, 8 Dg. fein gestossene Mandeln, fein geschnittene Citronenschalen und 6 Stück gestossene Kaffeebohnen dazu mischen, mit Sacharin süssen. Diesen Teig auf ein mit Butter bestrichenes Blech geben, in der Röhre backen, dann mit einem Messer ablösen, runde Krapferln ausstechen und 2 und 2 mit folgender Crême zusammensetzen:

Kaffeecrême: 10 Dg. sehr gute Butter recht schaumig rühren, 1 rohes Eidotter und 10 Stück fein geriebene Kaffeebohnen gut dazu mischen, mit Sacharin süssen. Mit dieser Crême die Krapferln zusammensetzen, wie schon vorher beschrieben, und mit einem Sternröhrchen oben verzieren

Linzer Torte.

10 Dg. Butter fein abtreiben, 3 Dotter nach und nach einrühren, 6 Dg. geriebene Mandeln, 3 hartgesottene Dotter durchpassiren, von einer halben Citrone die feingeschnittene Schale, von 3 Klar den festen Schnee und etwas Grahambrod-Brösel, mit Sacharin süssen. In einer Tortenform backen; wenn es ausgekühlt ist, unterschneiden und mit Eingesottenem füllen.

Mandel-Roulade mit Quitten.

Von 3 Klar sehr festen Schnee schlagen, dann die 3 Dotter leicht verrühren und 6 Dg. geriebene Mandeln, mit Sacharin süssen; auf einem mit Butter beschmierten Blech in mittelmässiger Hitze backen. Wenn es abgelöst und gewendet ist, mit durchpassirtem Quittenmark füllen und zusammenrollen.

Mohnkuchen.

Man bereitet einen Teig wie zum Preiselbeerkuchen, nur gibt man zum Schluss 6 Dg. fein geriebenen Mohn dazu; in einer Tortenform backen.

Mohnschnitten.

10 Dg. Butter fein abtreiben, 3 rohe Eierdotter nach und nach einrühren, dann 2 hartgekochte passirte Dotter, 6 Dg. fein gestossene Mandeln und von 3 Klar den festen Schnee dazu geben, mit Sacharin süssen; den Teig auf ein mit Butter bestrichenes Blech geben, 12—15 Minuten in der Röhre backen, dann ablösen, in 2 Theile schneiden und mit Mohn füllen.

Mohnfülle: Den Mohn fein stossen, etwas fein geschnittene Citronenschale dazu geben, mit Sacharin süssen und mit 1—2 rohe Eidotter anmachen.

Mokka-Torte.

8 Dg. Butter flaumig abtreiben, 3 rohe und 1 hartgekochtes, passirtes Dotter nach und nach einrühren, 6 Dg. fein gestossene Mandeln, 8 Stück fein gestossene Kaffeebohnen und von 3 Klar den festen Schnee, mit Sacharin süssen. Diesen Teig auf ein mit Butter beschmiertes Blech aufstreichen, in der Röhre backen und dann in 2 runde Scheiben schneiden.

Mokka-Crême: 3 ganze Eier mit Sacharin gesüsst, im Wasserbad so lange rühren, bis sie dicklich werden, 6 bis 8 Stück fein gestossene Kaffeebohnen gut in die Crême verrühren und dann mit dieser die Torte füllen.

Nusscrême-Torte.

10 Dg. frische Butter wird sehr fein abgetrieben, nach und nach 3 Eidotter einrühren, dann von 2 hart gekochten Eiern das Gelbe durchpassirt hineingeben, etwas feingeschnittene Citronenschalen, 6 Dg. gestossene Nusskerne, von 3 Klar den festen Schnee und mit Sacharin nach Geschmack süssen. Diese Masse auf ein mit Butter beschmiertes Blech aufstreichen, und bei nicht zu starker Hitze 15—20 Minuten backen. Gleich nachdem man es aus dem Rohr herausgenommen, mit einem dünnen Messer vom Blech ablösen, überkühlen lassen, und dann 2 runde Scheiben schneiden, eine davon auf ein Tortenblatt legen, und mit Nusscrême füllen.

Nusscrême: Von 3 Klar einen sehr festen Schnee schlagen, mit Sacharin süssen, etwas fein geschnittene Citronenschalen, 5 Dg. fein geriebene Nüsse leicht beimischen. Von dieser Crême die Hälfte leicht auf das erste Blatt geschmiert, das zweite Blatt darauf, und die obere Fläche mit dem zweiten Theil der Crême bestreichen. Wenn möglich, ist es sehr gut, wenn die Torte, bevor sie servirt wird, eine Weile am Eis steht.

Nuss-Roulade.

Von 3 Klar sehr festen Schnee schlagen, dann die 3 Dotter und 6 Dg. geriebene Mandeln leicht verrühren, mit Sacharin süssen; diese Masse auf ein mit Butter bestrichenes Blech geben, in mittelmässiger Hitze backen; wenn es aus der Röhre kommt, mit einem Messer ablösen und mit Folgendem füllen: 3 Eiweiss zu sehr festen Schnee schlagen, 6 Dg. geriebene Nüsse und fein geschnittene Citronenschalen dazu geben, mit Sacharin süssen. Wenn diese Fülle aufgestrichen, den Teig einrollen und die Roulade zu Scheiben schneiden.

Nussschnitten.

6 Dg. fein gestossene Nusskerne werden mit 2 hartgekochten und 3 rohen Eidottern verrührt, 10 Dg. Butter dazu gegeben, mit Sacharin gesüsst und der Schnee von 3 Eiweiss leicht durchgezogen. Die Masse streiche man auf ein mit Butter beschmiertes Blech und backe sie 15—20 Min. Nach dem Auskühlen überziehe man die eine Hälfte mit dem Schnee von 2 Eiweiss, etwas Sacharin und 1 Dg. fein gestossene Nüsse, lege die zweite Hälfte darauf und schneide viereckige Stücke.

Pflaumen-Gâteau.

Beiläufig 8 Dg. geriebene Mandeln, 8 Dg. geriebenen Topfen, 2 hartgekochte passirte Eidotter, fein geschnittene Citronenschalen, 5 Dg. Butter werden auf dem Nudelbrett mit einem rohen Dotter zu einem Teig abgearbeitet und mit Sacharin gesüsst. Nachdem man den Teig eine Stunde hat rasten lassen, wird er ausgewalkt, auf ein Blech gegeben, mit Ei bestrichen und mit halbirten Zwetschken belegt und bei mittelmässiger Hitze gebacken. Nach dem Herausnehmen wird der Kuchen mit zerlassener Butter bestrichen und in Stücke geschnitten.

Preiselbeerenkuchen.

6 Dg. Butter mit 5 Dotter fein abtreiben, 8 Dg. fein gestossene Mandeln, geschnittene Citronenschalen, etwas Grahambrod-Brösel, von 5 Klar den festen Schnee dazu geben und
mit Sacharin süssen. In eine mit Butter ausgestrichene Tortenform einfüllen, rohe Preiselbeeren hineinstecken und in der
Röhre backen.

Pressburger Nusstorte.

Einen Teig bereiten wie zum Mandel-Biscuit, nur anstatt
Mandeln Nüsse nehmen, am Blech backen, 2 runde Scheiben
schneiden, mit Ribiselsalse bestreichen, aufeinandersetzen und
auch oben zierlich mit Ribiseln belegen.

Quitten-Torte.

10 Dg. Butter fein abtreiben, nach und nach 3 rohe und
3 hartgekochte passirte Dotter dazu, dann 6 Dg. fein gestossene
Mandeln, etwas Citronenschale, mit Sacharin süssen, einen
fest gekochten oder gebratenen und durchpassirten Quittenapfel und von 3 Klar den Schnee einrühren. Nachdem es
im Tortenreif gebacken und ausgekühlt ist, verziert man es
oben noch mit gedünsteten Quittenäpfelscheiben.

Russische Crême-Torte.

10 Dg. Butter fein abtreiben, nach und nach 3 rohe und
2 hartgekochte Dotter dazu rühren, fein geschnittene Citronenschalen, 6 Dg. fein gestossene Mandeln, mit Sacharin süssen und
von 3 Klar den Schnee; in einer ausgeschmierten Tortenform
backen, wenn die Torte überkühlt ist, oben mit eingekochten, mit
etwas Sacharin gesüssten Preiselbeeren bestreichen und dann
folgende Crême bereiten: 3 ganze Eier mit Sacharin gesüsst
auf dem Feuer so lange sprudeln, bis sie dick sind, dann vom
Feuer weg, und noch eine Zeit lang rühren, bis die Crême
überkühlt ist, dann streicht man sie hoch aufgerichtet auf die
Torte, und stellt sie 2 Stunden vor dem Serviren auf das Eis.

Salzburger Topfen-Torte.

3 Eiweiss zu Schnee schlagen, die Dotter dazu rühren, beiläufig 5 Dg. geriebene Mandeln und 5 Dg. feinen Topfen, fein geschnittene Citronenschalen, und mit Sacharin süssen. Diesen Teig auf ein mit Butter beschmiertes Blech fingerdick aufstreichen, bei mittelmässiger Hitze backen; dann vom Blech ablösen, und eine runde Scheibe in der Grösse der Torte herausschneiden. Topfenfülle: Sehr gute Butter (beiläufig 10 Dg.) recht fein abtreiben, 2 rohe Dotter nach und nach dazu rühren, dann 8—10 Dg. fein geriebenen Topfen und 3—4 Esslöffel guten sauren Rahm dazu mischen; von einer ¼ Citrone die fein geschnittenen Schalen, und mit Sacharin süssen. Mit dieser Fülle bestreicht man das Tortenblatt, das man aus dem Teig geschnitten, beiläufig fingerhoch, und verziert dann die Torte mit kleinen, aus demselben Teig ausgestochenen Krapferln, die man ebenfalls mit der Fülle bestreicht und mit fein geschnittenen Pistazien bestreut.

Topfen-Torte.

Man treibe 4 Eidotter mit 5 Dg. Butter schäumig ab, gebe 5 Dg. gut ausgepressten Topfen und etwa 10 Stück gestossene Mandeln dazu, etwas Salz und versüsse es mit Sacharin. Sodann den Schnee von 2 Eiweiss leicht durchziehen und in einer gut ausgeschmierten Reifform bei mässiger Hitze ³/₄ Stunden backen lassen. Warm oder kalt zu Tische geben.

Topfen-Torteletten.

3 Eiweiss zu festen Schnee schlagen, die 3 rohen Dotter dazu rühren, 5 Dg. geriebene Mandeln, 5 Dg. geriebenen Topfen, 4—5 Esslöffel guten sauren Rahm, fein geschnittene Citronenschalen und mit Sacharin süssen; diesen Teig in eine breite mit Butter geschmierte Omelettenpfanne eingiessen, oben mit grob geschnittenen Mandeln bestreuen, und wenn der Teig gebacken und etwas ausgekühlt ist, kleine Torteletten ausstechen.

6*

Wallnuss-Brödchen.

3½ Dg. fein geriebene Mandeln und 15 Dg. geriebene Wallnüsse treibt man mit 5 ganzen Eiern, etwas Butter und Sacharin sehr flaumig ab, dann formt man Brödchen, bestreicht sie mit Ei und lässt sie backen.

Winterkrapferln.

Einen Teig bereiten wie zum Mandel-Biscuit, runde Krapferln ausstechen, mit Apfel-Marmelade 2 und 2 zusammensetzen.

Kalte Sulzen.

Aepfelsulze.

15 Dg. Reinetteäpfel schält man, entfernt das Kerngehäuse und dünstet sie mit Wasser, etwas Citronensaft und Sacharin recht weich. Noch warm, werden sie dann passirt, 1 Dg. aufgelöste Hausenblase dazu gemengt und in eine in Eis gestellte Form eingefüllt. Nach 2—3 Stunden kann man die Sulze stürzen, nachdem man sie vorher einen Moment in heisses Wasser getaucht hat.

Berberitzensulze.

Ein ¼ Kg. von den Stengeln abgezupfte Berberitzen kocht man mit Wasser und Sacharin, bis sie recht weich sind; dann werden sie durch ein Haarsieb passirt, der Saft mit 1 Dg. aufgelöster Hausenblase vermengt und in eine Form gefüllt, die man in Eis eingestellt hat. Nach 2—3 Stunden einen Moment in heisses Wasser tauchen und stürzen.

Erdbeerensulze.

Ein ¼ Kg. rohe Walderdbeeren passirt man durch ein Haarsieb, mischt zu dem Saft 1 Dg. aufgelöste Hausenblase und etwas Sacharin. In eine Form füllen, die in Eis gestellt ist, nach 2 Stunden einen Moment in heisses Wasser tauchen und stürzen.

Gemischte Sulze.

Man sprudelt 3 ganze Eier, mit Sacharin gesüsst, im Wasserbad, bis sie dicklich werden. Dann stellt man die Crême vom Feuer weg, sprudelt noch so lange, bis sie ziemlich ausgekühlt ist, gibt dann 1 Dg. aufgelöste Hausenblase hinein und passirt die Crême durch ein Haarsieb. Die eine Hälfte davon füllt man in eine in Eis gestellte Form, lässt sie sulzen und mischt mittlerweile zu dem 2. Theil ein kleines Stückchen zuckerfreier Cacaomasse, gibt noch etwas Sacharin dazu, und füllt dann diese Crême auf den ersten Theil in die Form hinein. So lässt man die Sulze 2—3 Stunden in Eis gut eingegraben stehen und taucht sie dann, um sie stürzen zu können, einen Moment in heisses Wasser.

Gefrorenes.

5 Dg. fein gestossene Mandeln werden in Milch dicklich aufgekocht und sodann passirt. Von einem Eiklar festen Schnee und von 4—5 Esslöffel Schmetten Faum schlagen. Das Ganze verrühren, mit Sacharin süssen und in einer in Eis gestellten Form gefrieren lassen. Man kann obige Masse auch mit 1—2 Kaffeelöffel stark zubereiteten Kaffee oder einem Esslöffel dicken Fruchtsaft verrühren.

Haselnusscrême.

10 Dg. geriebene Haselnüsse kocht man mit etwas gewässerter Milch gut auf, passirt dieses dann durch ein Haarsieb, mischt 1 Dg. aufgelöste Hausenblase und Sacharin nach Geschmack dazu. Die Crême wird in eine in Eis gestellte Form eingefüllt und nach 2—3 Stunden gestürzt, nachdem man sie vorher einen Moment in heisses Wasser getaucht hat.

Johannisbeerensulze.

Wird ebenso bereitet wie die Erdbeerensulze.

Nusscrême.

Wird ebenso bereitet wie Haselnusscrême.

Quittensulze.

15 Dg. Quittenäpfel werden, nachdem sie mit einem Tuch gut abgewischt wurden, in kleine Theile geschnitten und mit Wasser, etwas Citronensaft und Sacharin weich gekocht. So lang sie noch warm sind, passirt man sie durch ein Haarsieb, mengt etwas aufgelöste Hausenblase dazu, und füllt die Sulze in eine in Eis gestellte Form. Nach 2 Stunden taucht man die Form einen Moment in heisses Wasser und stürzt sie.

Compote, Marmeladen.

Aepfel-Marmelade.

Reinetteäpfel schält und schneidet man in Stücke, gibt sie in siedendes Wasser, dem man etwas Citronensaft und Sacharin beigegeben hat, lässt sie recht weich kochen und passirt die Aepfel solange sie noch warm sind, wonach sie verwendet werden.

Corneliuskirschen.

Corneliuskirschen oder Dirndelbeeren werden gewaschen und mit Sacharin im eigenen Safte gedünstet und zu Compot verwendet.

Corneliuskirschen-Marmelade.

Die Corneliuskirschen oder Dirndeln werden rein gewaschen und dann mit Wasser recht weich gekocht. Nachdem sie passirt sind, lässt man sie noch einmal mit Sacharin am Herd etwas einkochen; bevor man das Mark in die Gläser füllt, gibt man ganz wenig Salycilpulver dazu, verbindet dieselben mit Pergamentpapier und stellt sie dann in Dunst.

Dunstobst.

Man kann jede Obstgattung, welche Zuckerkranken gestattet ist, auf folgende Art bereiten und aufbewahren: Das Obst muss zuerst sehr gut abgewischt werden, dann gibt man es in Gläser nahe bis zum Rande voll, verbindet die Gläser mit Pergamentpapier und siedet sie im Dunst, wobei jedoch genau zu beobachten ist, dass das Obst, ein oder das andere, z. B.

Dirndeln, Zwetschken, nicht zu lange kocht, sonst springen
die Früchte auf. Will man das Obst mit etwas Saft haben, so
gibt man je nach der Grösse des Glases 3—4 Esslöffel Wasser
dazu. Die Zugabe von Sacharin oder Salycilpulver entfällt. Bei
harten Pfirsichen empfiehlt es sich, dieselben zu schälen, in
Stücke zu schneiden und in kochendem Wasser 3—4 Minuten
aufkochen zu lassen. Sodann die Pfirsiche mit dem Saft in
Gläser füllen, dieselben verbinden und im Dunst kochen.

Erdbeeren.

Die Beeren überkocht man mit Sacharin im eigenen Saft,
lässt sie kalt werden und verwendet sie zu Mehlspeisen.

Fruchtsaft.

Von Erdbeeren, Ribiseln und Weichseln wird auf folgende
Art ein Saft bereitet, der ausgezeichnet zu Mehlspeisen und
kalten Sulzen verwendet wird und den man das ganze Jahr
aufbewahren kann. Die Früchte werden gut gewaschen, in
Gläser gefüllt, dieselben fest verkorkt und eine 1/2 Stunde in
Dunst gekocht. Nachdem sie ganz ausgekühlt sind, werden sie
verpecht oder versiegelt. Vor dem Gebrauch des Saftes wird
derselbe passirt und etwas Sacharin beigegeben.

Gebratene Aepfel.

Gewaschenen Reinetteäpfeln sticht man das Kernhaus aus,
stellt sie in eine Casserolle, gibt in jeden Apfel ein bischen
Sacharin, etwas zerlassene Butter darüber, ein wenig Wasser
dazu, bratet sie, bis sie unten schön braun sind und gibt
sie warm, mit der unteren gebräunten Seite nach oben ge-
kehrt, auf die Compotschüssel.

Gedünstete Aepfeln.

Die Reinetteäpfeln werden geschält, in die Hälfte geschnitten und mit Wasser und Sacharin gedünstet bis sie
weich sind.

Gesulzte Aepfel.

Die Reinetteäpfel, denen man das Kerngehäuse aussticht,
dünstet man mit Wasser und Sacharin, worauf man sie in
einer Schüssel auskühlen lässt. Zu dem Safte gibt man aufgelöste Hausenblase und so viel Ribiselsaft, dass es eine
schöne rothe Farbe bekommt, seiht dies durch eine Serviette, gibt es kalt zu den Aepfeln, und lässt sie in Wasser
gestellt sulzen.

Hagebutten.

Die Hagebutten werden halbirt, dann nimmt man die Kerne und das Rauhe heraus und kocht sie mit Wasser und Sacharin bis sie weich sind. Erkaltet, ziert man sie mit Pistazien und Citronenschalen und servirt sie zu Wildpret.

Himbeeren.

Dieselben werden wie die Erdbeeren zubereitet.

Heidelbeeren und Johannisbeeren (Ribisel).

Grosse abgezupfte Beeren überkocht man mit Sacharin im eigenen Safte, lässt sie kalt werden und verwendet sie als Compot oder zu Mehlspeisen.

Mispel-Marmelade.

Von den Mispeln zieht man die Haut ab, und da sie roh passirt werden, ist es gut, recht weiche zu nehmen. Das Mark verrührt man recht gut mit etwas Sacharin und ganz wenig Salycilpulver, füllt es in Gläser und siedet es eine ½ Stunde im Dunst.

Pfirsiche.

Die Pfirsiche werden geschält und halbirt, dann reibt man sie mit Citronensaft an, damit sie schön weiss bleiben und dünstet sie mit Wasser und Sacharin, zu dem man auch Citronensaft und Schalen geben kann.

Passirte Aepfel.

Die Reinetteäpfel werden geschält, in mehrere Stücke geschnitten, mit Wasser und Sacharin gedünstet, bis sie recht weich sind, und dann durch ein Haarsieb passirt.

Pfirsich-Marmelade.

Die Pfirsiche werden gut gewaschen, auseinandergeschnitten, der Kern herausgenommen, und mit Citronensaft und etwas Sacharin weich gekocht, um sie passiren zu können. Dem Mark gibt man wieder etwas Salycilpulver bei, füllt es in Gläser und kocht es im Dunst.

Pflaumen-Marmelade.

Die Pflaumen werden mit einem Silbermesser geschält, der Kern herausgenommen und mit Citronensaft und Sacharin weich gekocht. Nachdem man sie dann warm passirt hat, wird etwas Salycilpulver beigemischt, das Ganze in Gläser gefüllt und in Dunst gekocht.

Preiselbeeren.

Die Beeren werden gewaschen und ungefähr 1 Stunde im eigenen Safte gekocht. Ganz ausgekühlt, werden sie zu Wildpret oder Kalbfleisch servirt, oder man kann sie auch zu Omeletten etc. verwenden.

Preiselbeeren-Marmelade.

Nachdem die Preiselbeeren gut gewaschen wurden, lässt man sie am Herd mit etwas Wasser und Sacharin eine ¼ Stunde gut kochen. Nachdem sie überkühlt sind, mischt man ganz wenig Salycilpulver dazu, füllt sie in Gläser und kocht die Marmelade dann noch eine ¼ Stunde im Dunst.

Quitten.

Die Quittenäpfel werden gewaschen, gut abgewischt, geschält und zu Spalten geschnitten. Die Schalen kocht man mit Wasser, welches man durch ein Sieb schüttet, damit der Saft schönere Farbe bekommt. Die Spalten überkocht man früher, damit das Bittere wegkommt und dann erst in den Saft mit Sacharin. Quitten müssen ungefähr 2 Stunden kochen.

Quitten-Marmelade.

Die Quittenäpfel wischt man mit einem Tuch recht gut ab, schneidet sie in kleine Stücke und kocht sie mit Wasser, Citronensaft und Sacharin recht weich. Nachdem man sie, solange sie noch warm sind, durchpassirt hat, füllt man das Mark in Gläser, gibt etwas Salycilpulver dazu und kocht die Marmelade noch eine ¼ Stunde im Dunst.

Weichseln.

Die Weichseln werden von den Stengeln abgezupft, gewaschen und dann im eigenen Saft mit Sacharin gedünstet.
Ausgekühlt, werden sie als Compot servirt.

Weichsel-Marmelade.

Recht schöne, reife Weichseln passirt man und kocht sie
dann am Herd mit Sacharin eine ½ Stunde; nachdem das
Mark ziemlich ausgekühlt, mischt man etwas Salycilpulver
dazu, füllt es in Gläser und stellt dieselben in Dunst.

Käse.

Käse.

Sofern ärztlicherseits Käse gestattet ist, sollen nur ganz milde Sorten gewählt werden, darunter empfiehlt sich insbesondere der Topfenkäse, der wie folgt bereitet wird:

Topfenkäse.

In lauwarme, süsse Milch gibt man ein kleines Stückchen getrockneten Kälbermagen und rührt alle Stunde um, bis die Milch gestockt ist, was in 3—4 Stunden gewöhnlich der Fall ist. Dann lässt man die Milch 2 Tage ruhig stehen, schüttet sie in ein Presstuch und legt dasselbe mit dem Inhalte zwischen zwei Bretter, die man oben mit Gewicht beschwert. Die Molke lässt man in ein Gefäss ablaufen, nimmt den ausgepressten Topfen aus dem Tuch, gibt etwas Kümmel dazu und formt ihn.

Zeitfracht Medien GmbH
Ferdinand-Jühlke-Straße 7
99095 Erfurt, Deutschland
produktsicherheit@kolibri360.de